W0282311

Pikante Cupcakes & Muffins

Abkürzungen

E	=	Eiweiß
El	=	Esslöffel
F	=	Fett
g	=	Gramm
geh.	=	gehäuft
gem.	=	gemahlen
gestr.	=	gestrichen
getr.	=	getrocknet
kcal	=	Kilokalorien
KH	=	Kohlehydrate
kJ	=	Kilojoule
l	=	Liter
ml	=	Milliliter
Msp.	=	Messerspitze
TK	=	Tiefkühlprodukt
Tl	=	Teelöffel

Illustrationsnachweis

© sassyphotos – Fotolia.com: S. 9, 10, 14/30/42 (Schneidebrett), 17, 25, 26/41 (Gewürzstreuer), 29/73/78 (Messlöffel), 33/49 (Mehlsieb), 34 (Küchenhandschuh), 37/89 (Gewürzkörner), 50, 57, 61, 62 (Spritze), 65, 66, 69, 81, 82, 93

© kusuriuri – Fotolia.com: S. 6, 7, 11, 13, 14/62 (Salzstreuer), 18, 21, 22, 26/34 (Schneebesen), 29/41/49 (Handrührgerät), 30/37/42/73/78 (Muffinförmchen), 33 (Teigschaber), 38, 45, 46, 53, 54, 58, 70, 74, 77, 85, 86, 89 (Butter), 90, 94, 96

Pikante Cupcakes & Muffins

Herzhafte Minikuchen

Inhalt

Pikante Cupcakes

Einleitung

Pikante Muffins und vor allem Cupcakes sind ebenso wie ihre süßen Verwandten kleine, gebackene Kunstwerke. Sie sind leicht herzustellen und es gibt für jeden Geschmack das passende Rezept, deshalb sind sie so beliebt. Sie machen nicht nur als Mitbringsel einiges her, sondern sind auch auf einem Party-Buffet, als Picknick-Proviant oder als dekoratives Zwischengericht bei einem mehrgängigen Menü unschlagbar.

Das Topping

Muffins und Cupcakes sind eine Fundgrube für experimentierfreudige Köche und Köchinnen, die auch einen Blick fürs Design haben. Teigvariationen, Farben der Cremes, Deko-Elemente wie Blüten, Früchte oder Cracker und vieles mehr: Die Kombination der Toppings mit den verschiedenen Teigsockeln lässt sich sehr leicht und immer wieder neu variieren. Bei herzhaften Cupcakes müssen natürlich für die klassischen Verzierungsformen des „Icings" und „Frostings" Alternativen gefunden werden: Die Cremes sind hier oft etwas leichter und cremiger als bei den süßen Varianten – doch auch bei den herzhaften Cremes ist es extrem wichtig, dass sie nur auf vollständig ausgekühlte Gebäckstücke gestrichen oder gespritzt werden, da sie sonst zerfließen. Es empfiehlt sich meist auch zügig zu dekorieren und die fertigen Cupcakes anschließend bis zum Verzehr kühl zu stellen. Und wenn die Zeit knapp ist und für die Creme keine Zeit bleibt? Es muss kein Verlust sein, wenn herzhafte Cupcakes zu Muffins werden: Die Rezepte sind auch ohne Topping so lecker, dass es geschmacklich an nichts fehlt.

Förmchen oder Fett?

Die meisten Muffinrezepte lassen sich natürlich auch ohne Papierförmchen backen, indem man die Muffinform ganz klassisch einfettet und mit etwas Mehl bestäubt. Bei den Cupcakes würde ohne die kleine, hübsche Papiermanschette allerdings etwas fehlen. Zudem ist die Manschette sehr praktisch – gerade, wenn das Gebäck auf einem Buffet gereicht wird. So wird es ruck, zuck zu Fingerfood, für das weder Besteck noch Teller nötig sind. Unser Tipp: Halten Sie im Fachhandel oder im Internet Ausschau nach Muffinsförmchen – Sie werden überrascht sein, was es mittlerweile für eine Auswahl an Farben, Mustern und sogar Formen gibt.

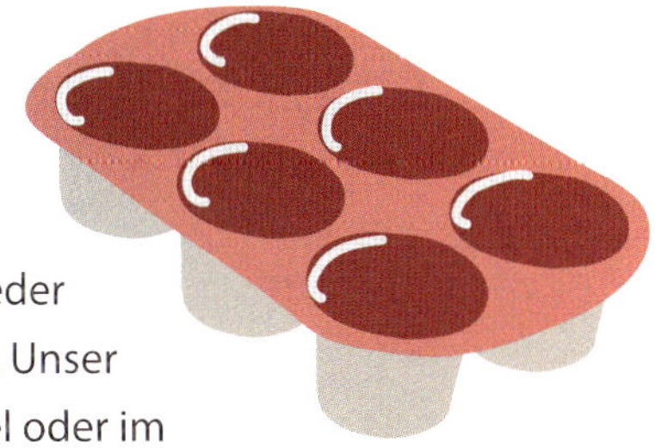

Tipps und Tricks für vollendeten Genuss

Die Triebmittel

Die Teigzutaten sollten in der Regel nur sehr kurz verrührt werden, weil die Komponenten unmittelbar beim Mischen miteinander reagieren. Wird zu lange gerührt, kann das Ergebnis pappig werden. Daher mischt man in der Regel jeweils die trockenen und die feuchten Zutaten getrennt voneinander, bevor alles miteinander zügig vermengt wird.

Natron wird erst in Kombination mit sauren Bestandteilen im Teig wie z.B. Buttermilch, zum Triebmittel. Erst dann bildet sich das entsprechende Kohlendioxid bzw. die Kohlensäure, die den Teig auflockert.

Für ein zuverlässiges Natron-Säure-Mischungsverhältnis nimmt man ¼ Teelöffel Natron und ½ Teelöffel Weinstein, dies entspricht 1 Teelöffel Backpulver. Für den Fall, dass kein Weinstein zur Verfügung steht, lassen sich auch andere Säurekomponenten verwenden. Die Mischung von ¼ Teelöffel Natron und 1 ½ Teelöffel Zitronensaft entspricht ebenfalls 1 Teelöffel Backpulver. Für einige Muffinrezepte reicht reines

Natron aus, wenn saure Milchprodukte wie Buttermilch oder Zitronensaft bereits im Rezept enthalten ist. Generell lohnt es sich, mit den Mischungsverhältnissen zu experimentieren und lieber weniger, als zu viel Triebmittel zu verwenden. Natron funktioniert in einigen Fällen auch ohne Säurezusatz als Triebmittel, es kann allerdings passieren, dass die Muffins dann leicht seifig schmecken.

Nach dem Verrühren sollte der Teig auch direkt gebacken werden, damit der treibende Effekt nicht verloren geht. Der Backofen gehört also immer vorgeheizt.

Die Stäbchenprobe

Es empfiehlt sich, kurz vor Ablauf der Backzeit mit einem hölzernen Schaschlikspieß oder einem Zahnstocher zu prüfen, ob die Cupcakes durchgebacken sind. Stecken Sie den Spieß in die Mitte eines Teigstückes und ziehen Sie ihn direkt wieder hinaus: Bleibt kein Teig mehr am Stäbchen haften, sind die Muffins bzw. Cupcakes fertig. Da nicht jeder Ofen gleich heiß wird, kann es sinnvoll sein, die Uhr 5 Minuten kürzer als die angegebene Backzeit einzustellen, um noch Spielraum zu haben.

Das Auftragen der Cremes

Ist der Teig erst einmal gebacken, kommen bei den Cupcakes die cremigen Toppings ins Spiel und die Frage, wie man sie schnell und möglichst perfekt aufbringen kann. Bei den Spritzbeuteln gibt es allerdings einige Qualitätsunterschiede. Bei einem Produkt mit hoher Qualität sind die entscheidenden Eckdaten: Ein kochfester Spritzbeutel aus beschichteter Baumwolle, hochwertige Edelstahltüllen, die aus einem Stück gezogen sind (ohne Naht), die Möglichkeit, weitere Tüllen einzeln nachzukaufen und last-but-not-least, ein guter Adapter zum problemlosen Tüllenwechsel, idealerweise von außen.

Tipp: Es erleichtert das Füllen des Spritzbeutels, wenn man ihn in ein hohes Gefäß stellt und den Rand nach außen um den Gefäßrand schlägt. Es empfiehlt sich außerdem, den Beutel nur zur Hälfte zu füllen – so lässt sich die Masse leichter handhaben.

Umfassen Sie den Spritzbeutel nicht zu lange mit der ganzen Hand, sondern nur so lange wie unbedingt notwendig. Durch die Handwärme wird sonst die Masse zu weich und kann im schlimmsten Fall zerlaufen. Mit einer großen, glatten Lochtülle lassen sich sehr schnell vollendete Cremehauben auf die Cupcakes setzen. Bei festeren Cremes kommen die Sterntüllen und andere Aufsätze zum Einsatz. Eine der „Königsdisziplinen" ist das Spritzen von Rosen, sie gelingen allerdings auch erfahrenen Cupcake-Bäckern erst nach einigem Üben. Eher puristisch-elegant und gleichzeitig mit sehr wenig Aufwand verbunden ist das Aufstreichen des jeweiligen Toppings mit Hilfe eines Messers oder Löffels. Besonders bei weicheren Frostings oder bei Sommertemperaturen ist das eine gute und besonders schnelle Möglichkeit.

Tipp: Man kann auch oben einen ca. 1 cm dicken Deckel vom Cupcake abschneiden, abheben und einen Großteil der Creme zwischen die beiden Teile streichen. Gerade, wenn die Cupcakes noch transportiert werden sollen, kann das hilfreich sein. Kurz vor dem Servieren kann dann mit einem Löffel noch 1 Tupfen der restlichen Creme oben aufgesetzt werden und der Cupcake mit einer Frucht oder einem vorbereiteten Stück Gemüse dekoriert werden.

Spritztüte aus Backpapier selbst machen:

Zunächst schneidet man aus einem Backpapierbogen ein quadratisches Stück, faltet dieses zu einem Dreieck und schneidet es an der Falte entlang in zwei Dreiecke. Davon kann eines für das nächste Mal beiseitegelegt werden. Das verbliebene Dreieck wird an der kurzen Seite entlang aufgerollt, sodass eine Tüte entsteht. Die Spitze der Spritztüte muss vollständig geschlossen sein. Mit einem Klebestreifen wird die Spritztüte ca. 2 cm oberhalb der Spitze umwickelt und fixiert. Anschließend faltet man den oben überstehenden Rand nach innen. Das hilft, die Form der Spritztüte insgesamt zu fixieren. Anschließend kann die Spritztüte befüllt werden. Man verschließt sie, indem man den oberen Rand mehrfach faltet, bzw. einrollt. Vor dem Falten die Luft vollständig aus der Tüte drücken. Mit einer scharfen Schere die Spitze der Tüte abschneiden. Die Größe der so entstandenen Öffnung bestimmt die Breite des gespritzten Dekors, man kann auch bei der Papiervariante eine Tülle von innen in die Spitze schieben. Eine solche Papierspritztüte eignet sich vor allem für das Aufbringen von leichten, sahnigen Cremes. Auch hier ist es wichtig sehr schnell zu arbeiten, damit die Creme nicht zerläuft.

Die Dekoration

Papierförmchen

Die Dekoration beginnt schon mit der Auswahl der Förmchen: Es gibt sie inzwischen in allen möglichen Farben und Formen. Die klassischen, plissierten Förmchen sind inzwischen in jedem Supermarkt erhältlich. Aber es gibt noch viel mehr hübsche Möglichkeiten Muffins und Cupcakes „einzukleiden". Die Auswahl an Designs ist riesengroß, von Polka Dots über Vichy-Karos, glänzende Folien- oder gestreifte Retro-Förmchen bis hin zu herzförmigen Förmchen und solchen mit Comicmotiven. Sehr elegant sind auch einfarbige Papierförmchen in Faltoptik mit hohen Ecken. Sie eignen sich besonders, das Design der Muffins oder Cupcakes aufs Eleganteste abzurunden. Wer trotz dieser Fülle und Vielfalt keine Papierförmchen im Haus hat, kann selbstverständlich auch im gebutterten und mit Mehl ausgestäubten Muffinblech oder in ebenso vorbereiteten ofenfesten Porzellan- oder Keramik-Tassen backen, auf diese Möglichkeit geht ja auch der Name der Cupcakes zurück.

Muffinwrapper

Ein weiterer Klassiker in der Muffin- und Cupcake-Dekoration ist der sogenannte „Wrapper". Hierbei handelt es sich um eine Manschette oder eine hübsche Form, mit oder ohne Boden. Sie ist in der Regel aus festerem Karton, nicht ofenfest und dient ausschließlich der Optik, zudem erleichtert sie den Transport. Auch hier gibt es eine sagenhafte Auswahl an Farben und Designs.

Etageren

Immer ein Hingucker und eine der schönsten Möglichkeiten, Cupcakes und Muffins zu präsentieren sind Etageren. Es gibt sie aus Draht, Glas, Kunststoff oder Pappe, aber die prächtigsten sind aus Porzellan. Inzwischen gibt es auch eine Reihe von Bausätzen zu kaufen, mit denen halbwegs geschickte Bastler zum Beispiel aus alten Sammeltellern und Tassen wunderschöne Etageren bauen können.

Eine wesentlich einfachere und ebenfalls sehr schöne Möglichkeit eine Etagere zu bauen, ist die folgende: Man braucht ein paar schöne Gläser oder Tassen und verschieden große Teller vom Trödelmarkt, den richtigen Kleber für Glas bzw. Porzellan und etwas Schleifpapier. Alle Klebeflächen müssen sauber und trocken sein, die Klebeflächen sollten vorher mit Schleifpapier leicht angeraut werden.

Wenn das Aussehen der Etagere geplant ist und alles bereitsteht, den Kleber wie auf der Packung beschrieben auftragen und den Turm zügig zusammenbauen. Tipp: Obenauf kann eine kleine Vase geklebt werden, die später mit Blumen gefüllt werden kann.

Doch bei aller Optik: Das A und O ist der Geschmack – und der ist bei diesen Muffins und Cupcakes einfach überzeugend. Probieren Sie die Rezepte aus – wir wünschen viel Spaß und guten Appetit!

Pikante Muffins

FÜR 12 STÜCK

1 Bund Bärlauch
1 Zwiebel
200 g Mehl
2 Tl Backpulver
1 Tl Salz
$^{1}/_{2}$ Tl Pfeffer
2 Eier
60 g weiche Butter
150 g Quark
150 g geriebener Gouda

Papierförmchen für das Blech

Zubereitungszeit: ca. 15 Minuten (plus Backzeit)
Pro Stück ca. 130 kcal/530 kJ
7 g E • 13 g KH • 5 g F

Bärlauch-Muffins mit Quark

Den Ofen auf 180 °C vorheizen. Die Mulden des Muffinblechs mit Papierförmchen auslegen.

Den Bärlauch waschen, putzen, trocken schütteln, dann die Zwiebel schälen und beides fein hacken.

Mehl, Backpulver, Salz und Pfeffer in einer Schüssel vermischen. Die Eier in einer zweiten Schüssel schaumig rühren und mit Butter, Quark und Käse verrühren. Die Mehlmischung dazugeben und nur so lange verrühren, bis die trockenen Zutaten feucht sind.

Bärlauch und Zwiebel unterheben, den Teig in die Förmchen füllen und ca. 30 Minuten goldbraun backen. Nach einer Stäbchenprobe herausnehmen, vorsichtig aus den Mulden heben und auf einem Kuchengitter vollständig auskühlen lassen.

Orientalische Muffins

mit Couscous und Hack

Den Backofen auf 200 °C vorheizen. Ein Muffinblech mit Papierförmchen auslegen. Couscous und ½ Teelöffel Salz in eine Schüssel geben, knapp mit warmem Wasser bedecken und ziehen lassen, bis das Wasser aufgesogen ist.

Öl in der Pfanne erhitzen und das Hackfleisch krümelig anbraten, bis es Farbe angenommen hat. Die Schalotte und den Knoblauch dazugeben und ca. 3 Minuten weiterbraten. Mehl in eine Schüssel sieben und mit dem Backpulver, dem Pfeffer und dem restlichen Salz vermischen.

Die Eier in einer zweiten Schüssel schaumig rühren. Die Buttermilch dazugießen und gut verrühren. Anschließend die Hackfleischmischung, das Couscous, den Koriander und den Käse untermischen. Zum Schluss die Mehlmischung zügig unterrühren.

Den Teig gleichmäßig auf die Förmchen verteilen und ca. 25 Minuten goldbraun backen. Nach einer Stäbchenprobe herausnehmen, vorsichtig aus den Mulden heben und auf einem Kuchengitter vollständig auskühlen lassen. Mit Kumquats und Koriandergrün garniert servieren.

FÜR 12 STÜCK

100 g Couscous
1 Tl Salz
2 El Olivenöl
150 g Rinderhackfleisch
3 gewürfelte Schalotten
2 geh. Knoblauchzehen
150 g Mehl
1 Tl Backpulver
½ Tl Pfeffer
2 Eier
250 ml Buttermilch
2 El geh. frischer Koriander
70 g geriebener Gouda
Kumquats und frischer Koriander zum Garnieren

Papierförmchen für das Blech

Zubereitungszeit: ca. 30 Minuten (plus Backzeit)
Pro Stück ca. 160 kcal/660 kJ
8 g E • 17 g KH • 7 g F

Kartoffel-Muffins
mit Bergkäse

FÜR 12 STÜCK

200 g Mehl
2 Tl Backpulver
1 Msp. Senfpulver
1 Tl Salz
2 Eier
100 ml Buttermilch
6 El Sonnenblumenöl
200 g fein geriebene, rohe Kartoffeln
2 El fein gehackte Zwiebeln
150 g geriebener Bergkäse
12 Chips zum Garnieren

Papierförmchen für das Blech

Zubereitungszeit: ca. 15 Minuten (plus Backzeit)
Pro Stück ca. 180 kcal/740 kJ
7 g E • 15 g KH • 10 g F

Ofen auf 180 °C vorheizen. Muffinblech mit Papierförmchen auslegen.

Mehl in einer Schüssel mit Backpulver, Senfpulver und Salz vermischen. Eier in einer zweiten Schüssel schaumig rühren, Buttermilch und Öl dazugeben und gut vermischen. Kartoffelraspel, gehackte Zwiebeln und den geriebenen Bergkäse unterrühren.

Die Mehlmischung über die feuchten Zutaten sieben und nur so lange verrühren, bis die trockenen Zutaten feucht sind. Auf die Förmchen verteilen und ca. 35 Minuten goldbraun backen. Nach einer Stäbchenprobe herausnehmen, vorsichtig aus den Mulden heben und auf einem Kuchengitter vollständig auskühlen lassen.

Zum Garnieren mit einem scharfen Messer die Muffins auf der Oberseite mit einer dünnen Kerbe versehen und vorsichtig die Chips als Deko hineinstecken.

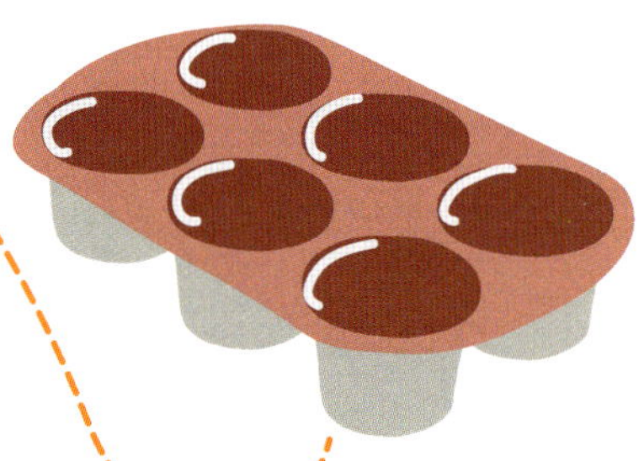

Brokkoli-Muffins
mit gerösteten Kernen

Den Backofen auf 180 °C vorheizen. Das Muffinblech mit Papierförmchen auslegen.

Haferflocken und das Maismehl ca. 20 Minuten in der Buttermilch einweichen. Brokkoli waschen, putzen und in sehr kleine Röschen teilen. In kochendem Salzwasser ca. 4 Minuten vorgaren, anschließend abschrecken.

⅔ der Kerne grob hacken und in einer Pfanne ohne Fett anrösten, bis sie goldbraun sind. Danach beiseitestellen und abkühlen lassen. Mehl in einer Schüssel mit Backpulver, Natron, Oregano, 1 Teelöffel Salz, dem Zucker und den gerösteten Kernen vermischen.

Die Eier in einer zweiten Schüssel schaumig schlagen. Öl, Buttermilch-Haferflockenmischung und 50 g Cheddar unterrühren. Anschließend die Mehlmischung dazugeben und nur so lange verrühren, bis die trockenen Zutaten feucht sind. Zum Schluss den Brokkoli zügig unterheben.

Den Teig gleichmäßig in die Muffinförmchen füllen, den restlichen Cheddar darüberstreuen und die restlichen Kerne darauf verteilen. Muffins ca. 25 Minuten goldbraun backen. Nach einer Stäbchenprobe herausnehmen, vorsichtig aus den Mulden heben und auf einem Kuchengitter vollständig auskühlen lassen.

FÜR 12 STÜCK

125 g Haferflocken
125 g Maismehl
½ l Buttermilch
200 g Brokkoli
Salz
100 g Sonnenblumenkerne
100 g Cashewkerne
50 g Kürbiskerne
1 ½ El Mehl
2 Tl Backpulver
½ Tl Natron
½ Tl Oregano
1 Tl brauner Zucker
2 Eier
3 El Erdnussöl
200 g geriebener Cheddar

Papierförmchen für das Blech

Zubereitungszeit: ca. 30 Minuten
(plus Zeit zum Quellen und Backen)
Pro Stück ca. 310 kcal/ 1280 kJ
13 g E • 20 g KH • 18 g F

FÜR 12 STÜCK

60 g Mandeln
300 g Möhren
Saft von 1/2 Zitrone
3 cm Ingwer
160 g Mehl
40 g Speisestärke
2 Tl Backpulver
1/2 Tl Natron
1 Tl Salz
1 Msp. Pfeffer
1 Ei
160 g Schmand
40 ml Öl

Papierförmchen für das Blech

Zubereitungszeit: ca. 30 Minuten (plus Backzeit)
Pro Stück ca. 180 kcal/760 kJ
4 g E • 15 g KH • 12 g F

Mandel-Muffins
mit Möhren und Ingwer

Den Backofen auf 200 °C vorheizen. Das Muffinblech mit Papierförmchen auslegen.

Die Mandeln fein hacken und in einer Pfanne ohne Fett goldgelb rösten, dann beiseitestellen. Die Möhren waschen, putzen, schälen und reiben. Den Zitronensaft darübergeben und gut vermischen. Den Ingwer schälen und sehr fein hacken.

Mehl, Speisestärke, Backpulver, Natron, Salz und Pfeffer in einer Schüssel vermischen. Ei, Schmand und Öl in einer zweiten Schüssel gut verrühren. Möhren, Ingwer und Mandeln unterrühren. Die Mehlmischung dazugeben und nur so lange verrühren, bis die trockenen Zutaten feucht sind.

Ca. 30 Minuten goldbraun backen. Nach einer Stäbchenprobe herausnehmen, vorsichtig aus den Mulden heben und auf einem Kuchengitter vollständig auskühlen lassen.

Mexikanische Muffins
mit Jalapeños

Backofen auf 200 °C vorheizen. Das Muffinblech mit Olivenöl ausstreichen. Getrocknete Tomaten ca. 5 Minuten in warmem Wasser einweichen. Danach abtropfen lassen und in kleine Stücke schneiden. Rote Paprika halbieren, putzen, waschen und fein hacken. Die Petersilie waschen, trocken schütteln und die Blättchen fein hacken. Die Jalapeños abtropfen lassen und ebenfalls fein hacken.

Mehl, Maismehl, Backpulver, Salz und Zucker in einer Schüssel vermischen. Ei in einer zweiten Schüssel schaumig rühren. Milch, Buttermilch, Olivenöl und Tabasco dazugeben und glatt rühren. Die Mehlmischung dazugeben und nur so lange verrühren, bis die trockenen Zutaten feucht sind.

Tomaten, Paprika und die Jalapeños unter den Teig heben. Auf die Muffinförmchen verteilen, den Käse darüberstreuen und ca. 20 Minuten goldgelb backen. Nach einer Stäbchenprobe herausnehmen, vorsichtig aus den Mulden heben und auf einem Kuchengitter vollständig auskühlen lassen.

FÜR 12 STÜCK

150 g getrocknete Tomaten
1 rote Paprikaschote
1/2 Bund glatte Petersilie
2 El Jalapeños aus dem Glas
125 g Mehl
150 g feines Maismehl
2 Tl Backpulver
1/2 Tl Salz
1/2 Tl Zucker
1 Ei
170 ml warme Milch
50 ml Buttermilch
3 El Olivenöl
1 Spritzer Tabasco
5 El geriebener Gouda

Olivenöl für das Blech

Zubereitungszeit: ca. 25 Minuten
(plus Backzeit)
Pro Stück ca. 140 kcal/590 kJ
5 g E • 19 g KH • 5 g F

Kürbis-Muffins mit Salsiccia

FÜR 12 STÜCK

150 g Salsiccia
250 g Mehl
2 Tl Backpulver
1/2 Tl Natron
1 Tl Thymian
1/2 Tl gem. Muskatblüte
1 gestr. Tl brauner Zucker
1 Tl Salz
1 Msp. Pfeffer
250 g Hokkaido-Kürbis
1 Ei
125 g weiche Butter
250 g saure Sahne
ggf. etwas Milch
2 El Kürbiskerne

Papierförmchen für das Blech

Zubereitungszeit: ca. 30 Minuten (plus Backzeit)
Pro Stück ca. 260 kcal/1090 kJ
6 g E • 17 g KH • 19 g F

Den Backofen auf 180 °C vorheizen. Das Muffinblech mit Papierförmchen auslegen. Die Salsiccia in kleine Scheiben oder Würfel schneiden. Das Mehl in eine Schüssel sieben und mit Backpulver, Natron, den Gewürzen, dem Zucker, Salz und Pfeffer vermischen.

Den Kürbis waschen, trocknen, halbieren, putzen und das Fruchtfleisch mit der Schale reiben. Das Ei in einer zweiten Schüssel schaumig rühren, Butter und saure Sahne dazugeben und gut verquirlen.

Die Mehlmischung zum Ei geben und nur so lange verrühren, bis die trockenen Zutaten feucht sind. Den geraspelten Kürbis und die Salsiccia unter den Teig heben. Falls der Teig zu fest ist, etwas Milch darunterrühren.

Den Teig in die Förmchen füllen, die Kürbiskerne darüberstreuen und ca. 30 Minuten goldgelb backen. Nach einer Stäbchenprobe herausnehmen, vorsichtig aus den Mulden heben und auf einem Kuchengitter vollständig auskühlen lassen.

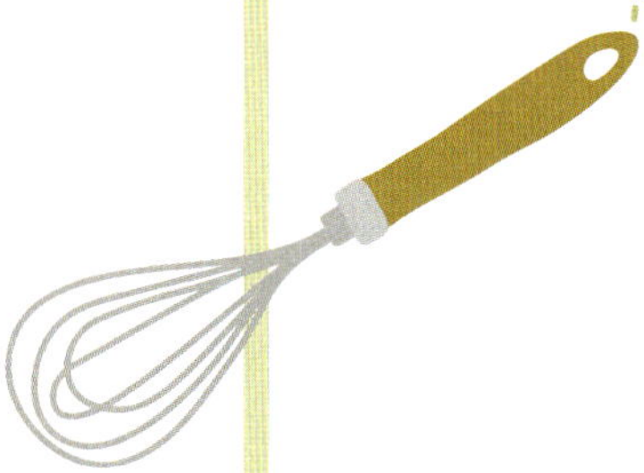

Kochbananen-Muffins
mit Lammwürfeln

Den Backofen auf 180 °C vorheizen. Das Muffinblech mit Papierförmchen auslegen. Lammlachs waschen, trocken tupfen, parieren und in kleine Würfel mit ca. ½ cm Kantenlänge schneiden. Die Knoblauchzehe schälen und fein hacken. Olivenöl in einer Pfanne erhitzen und das Lammfleisch sehr kurz rundum anbraten. Den Knoblauch dazugeben, umrühren und vom Herd nehmen. Alles aus der Pfanne heben und auf Küchenpapier abtropfen und abkühlen lassen.

Mehl, Backpulver, Haferkleie und die Gewürze in eine Schüssel geben und vermischen. Die Eier in einer zweiten Schüssel schaumig rühren, die lauwarme zerlassene Butter und die Milch unterrühren.

Die Kochbananen schälen und das Fruchtfleisch mit einer Gabel zerdrücken. Anschließend zusammen mit dem Käse zur Eier-Milch-Mischung geben und unterrühren. Die Mehlmischung dazugeben und nur so lange verrühren, bis die trockenen Zutaten feucht sind.

Die Lammstücke unterheben, den Teig in die Förmchen füllen und ca. 25 Minuten goldbraun backen. Nach einer Stäbchenprobe herausnehmen, vorsichtig aus den Mulden heben und auf einem Kuchengitter vollständig auskühlen lassen.

FÜR 12 STÜCK

150 g Lammlachs
1 Knoblauchzehe
1 El Olivenöl
250 g Mehl
2 Tl Backpulver
120 g Haferkleie
1 Tl Curry
1 Tl Salz
1 Msp. Pfeffer
2 Eier
125 g zerlassene Butter
250 ml Milch
2 reife Kochbananen
100 g geriebener Cheddar

Papierförmchen für das Blech

Zubereitungszeit: ca. 30 Minuten (plus Backzeit)
Pro Stück ca. 270 kcal/1110 kJ
11 g E • 22 g KH • 15 g F

Kraut-Muffins
mit Speck

FÜR 12 STÜCK

1 Zwiebel
150 g Sauerkraut
1 El Butter
100 g gewürfelter Tiroler Speck
200 g Mehl
40 g zarte Haferflocken
2 Tl Backpulver
1/2 Tl Natron
1 Tl Salz
Pfeffer
2 Eier
1/4 l Milch
50 ml Sonnenblumenöl
1 El Kümmel
5 El geriebener Emmentaler

Papierförmchen für das Blech

Zubereitungszeit: ca. 30 Minuten (plus Backzeit)
Pro Stück ca. 200 kcal/850 kJ
6 g E • 16 g KH • 13 g F

Den Backofen auf 180 °C vorheizen. Das Muffinblech mit Papierförmchen auslegen. Die Zwiebel schälen und fein hacken. Sauerkraut sehr gut abtropfen lassen und etwas zerkleinern. Die Butter in einer Pfanne erhitzen. Zwiebelwürfel und Speckwürfel hineingeben und ca. 5 Minuten braten.

Das Mehl in einer Schüssel mit Haferflocken, Backpulver, Natron, Salz und etwas Pfeffer vermischen. Die Eier in einer zweiten Schüssel schaumig rühren, Milch und Öl dazugeben und gut vermischen. Sauerkraut, Zwiebelmischung und Kümmel dazugeben und untermischen. Die Mehlmischung dazugeben und nur so lange verrühren, bis die trockenen Zutaten feucht sind.

Den Teig in die Förmchen füllen, Käse gleichmäßig darüberstreuen und ca. 25 Minuten goldbraun backen. Nach einer Stäbchenprobe herausnehmen, vorsichtig aus den Mulden heben und auf einem Kuchengitter vollständig auskühlen lassen.

Feta-Muffins
mit Oliven

Den Backofen auf 180 °C vorheizen. Das Muffinblech mit Papierförmchen auslegen. Die getrockneten Tomaten in warmem Wasser ca. 10 Minuten einweichen. Danach gut abtropfen lassen und in kleine Stücke schneiden. Die Zwiebel und den Knoblauch schälen und beides fein hacken. Oliven in Ringe schneiden, den Feta in kleine Stücke schneiden. Thymian und Oregano fein hacken.

Mehl in einer Schüssel mit Backpulver, Natron, Salz und Pfeffer mischen. Die Eier schaumig schlagen, Buttermilch und Öl gut unterrühren. Die Hälfte des Feta, Zwiebeln, Knoblauch, Tomaten und die Kräuter hineinrühren. Die Mehlmischung dazugeben und nur so lange verrühren, bis die trockenen Zutaten feucht sind.

Den Teig auf die Förmchen verteilen und ca. 25 Minuten goldbraun backen. Nach 10 Minuten Backzeit den restlichen Feta darüberkrümeln. Nach einer Stäbchenprobe herausnehmen, vorsichtig aus den Mulden heben und auf einem Kuchengitter vollständig auskühlen lassen.

FÜR 12 STÜCK

1 Handvoll getrocknete Tomaten
1 Zwiebel
1 Knoblauchzehe
50 g entsteinte grüne Oliven
50 g entsteinte schwarze Oliven
150 g Feta
1 El frische Thymianblättchen
1 El frische Oreganoblättchen
250 g Mehl
2 Tl Backpulver
1/2 Tl Natron
1/4 Tl Salz
1 Msp. Pfeffer
2 Eier
1/4 l Buttermilch
50 ml Olivenöl

Papierförmchen für das Blech

Zubereitungszeit: ca. 25 Minuten (plus Backzeit)
Pro Stück ca. 180 kcal/750 kJ
6 g E • 17 g KH • 9 g F

FÜR 12 STÜCK

150 g Lauch
100 g Emmentaler
100 g Bergkäse
150 g gegartes Kasseler
210 g Mehl
40 g feine Haferflocken
2 Tl Backpulver
1/2 Tl Natron
1/4 Tl Salz
1 Msp. gemahlener Kümmel
2 Eier
1/4 l Buttermilch
50 ml Sonnenblumenöl
2 Spritzer Tabasco
2 El frisch gehackte Petersilie
Paprikapulver edelsüß

Papierförmchen für das Blech

Zubereitungszeit: ca. 25 Minuten (plus Backzeit)
Pro Stück ca. 210 kcal/890 kJ
12 g E • 16 g KH • 11 g F

Kasseler-Muffins mit Lauch

Den Backofen auf 180 °C vorheizen. Das Muffinblech mit Papierförmchen auslegen. Den Lauch waschen, putzen und in feine Scheiben schneiden. Emmentaler und Bergkäse jeweils reiben, dann vermischen. Das Kasseler in kleine Würfel mit ca. ½ cm Kantenlänge schneiden.

Mehl, Haferflocken, Backpulver, Natron, Salz und Kümmel in einer Schüssel verrühren. Die Eier in einer zweiten Schüssel schaumig rühren. Buttermilch, Öl und Tabasco gut untermischen. Die Mehlmischung dazugeben und nur so lange verrühren, bis die trockenen Zutaten feucht sind.

2 Esslöffel Käse, den Lauch und die Petersilie darunterheben. Die Hälfte des Teigs in die Förmchen füllen, darauf die Kasselerwürfel verteilen. Den restlichen Teig darübergeben und alles mit dem restlichen Käse bestreuen.

Ca. 25 Minuten goldbraun backen. Nach einer Stäbchenprobe herausnehmen, vorsichtig aus den Mulden heben und auf einem Kuchengitter vollständig auskühlen lassen. Mit ganz wenig Paprikapulver bestäubt servieren.

Caprese-Muffins mit Quark

Den Backofen auf 180 °C vorheizen. Das Muffinblech mit Papierförmchen auslegen. Zwiebel und Knoblauch schälen und beides fein hacken. Basilikum waschen, trocken schütteln und die Blättchen ebenfalls fein hacken. Die Kirschtomaten waschen, trocknen, die Stielansätze entfernen und das Fruchtfleisch in Stücke schneiden.

Mehl in einer Schüssel mit Speisestärke, Backpulver, Natron, Salz und Pfeffer vermischen. Die Eier in einer zweiten Schüssel schaumig rühren. Quark, Milch und Olivenöl darunterrühren. Die Mehlmischung dazugeben und nur so lange verrühren, bis die trockenen Zutaten feucht sind. Zum Schluss Zwiebel, Knoblauch, 50 g Mozzarella, Tomaten und Basilikum zügig unterheben. Auf die Förmchen verteilen, mit dem restlichen Mozzarella bestreuen und ca. 25 Minuten goldbraun backen.

Nach einer Stäbchenprobe herausnehmen, vorsichtig aus den Mulden heben und auf einem Kuchengitter vollständig auskühlen lassen.

FÜR 12 STÜCK

- 1 kleine Zwiebel
- 1 Knoblauchzehe
- 1/2 Bund Basilikum
- 130 g Kirschtomaten
- 200 g Mehl
- 20 g Speisestärke
- 2 Tl Backpulver
- 1/2 Tl Natron
- 1/2 Tl Salz
- 1/4 Tl Pfeffer
- 2 Eier
- 200 g Quark
- 2 El Milch
- 50 ml Olivenöl
- 200 g gehackter Mozzarella

Papierförmchen für das Blech

Zubereitungszeit: ca. 20 Minuten (plus Backzeit)
Pro Stück ca. 170 kcal/730 kJ
8 g E • 15 g KH • 9 g F

FÜR 12 STÜCK

3 Zweige Basilikum
24 Kirschtomaten
16 Scheiben Toastbrot
2 El Olivenöl, 4 Eier
$^{1}/_{4}$ l Milch
$^{1}/_{2}$ Tl Salz
1 Spritzer Tabasco
200 g Ricotta
200 g gehackter Mozzarella

Für das Ketchup:
700 g geschälte reife Tomaten
200 ml Tomatensaft
2 El geh. Zwiebel
1 El geh. Knoblauch
4 El Honig
1 El Salz, $^{1}/_{4}$ Tl Pfeffer
1 Msp. gem. Chili
1 Msp. gem. Nelke
1 Msp gem. Fenchelsamen
1 El Speisestärke
100 ml Weißweinessig

Papierförmchen für das Blech

Zubereitungszeit: ca. 30 Minuten
(plus Koch- und Backzeit)
Pro Stück ca. 230 kcal/980 kJ
11 g E • 22 g KH • 11 g F

Arme-Ritter-Muffins

mit Ricotta

Zuerst das Ketchup zubereiten: Tomaten, Tomatensaft, Zwiebel, Knoblauch, Honig und die restlichen Gewürze in einem Topf aufkochen und ca. 25 Minuten unter Rühren auf kleiner Flamme köcheln lassen. Anschließend alles durch ein Sieb streichen. Speisestärke mit etwas kaltem Wasser glatt rühren. Die Tomatenmasse zusammen mit dem Weißweinessig wieder aufkochen, angerührte Speisestärke hinzugeben und nochmals aufkochen lassen. In eine sterile Flasche oder ein ausreichend großes Glas füllen und auskühlen lassen. Das übriggebliebene Ketchup lässt sich im Kühlschrank sehr gut für eine Weile aufbewahren.

Den Backofen auf 180 °C vorheizen. Das Muffinblech mit Papierförmchen auslegen. Das Basilikum waschen, trocken schütteln und die Blätter fein hacken. Die Tomaten waschen, trocknen und die Stielansätze entfernen. Die Früchte halbieren und entkernen.

4 Toastscheiben toasten, grob zerkrümeln und mit dem Olivenöl mischen. Die Eier schaumig rühren, dann die Milch darunterrühren. Mit Salz und Tabasco würzen. 5 Esslöffel der Masse abnehmen und beiseitestellen. Die 12 restlichen Toastbrotscheiben mit der Eiermasse tränken und als Böden in die Förmchen drücken. Ricotta mit der beiseitegestellten Eiermasse mischen und das Basilikum unterheben.

Die Ricottamischung auf die Toastböden geben, jeweils 4 Tomatenstücke hineindrücken, die Toastbrösel mit dem Mozzarella darüberstreuen und ca. 20 Minuten backen. Nach einer Stäbchenprobe herausnehmen, vorsichtig aus den Mulden heben und auf einem Kuchengitter vollständig auskühlen lassen. Mit selbst gemachtem Ketchup servieren.

Paprika-Muffins

vegan und glutenfrei

FÜR 12 STÜCK

2 El Pinienkerne
3 bunte Paprikaschoten
1 Zwiebel
1 Knoblauchzehe
100 g Maismehl
100 g Buchweizenmehl
100 g rotes Linsenmehl
2 Tl Backpulver
½ Tl gemahlener Kreuzkümmel
2 Msp. Pfeffer
1 Prise Zucker
2 Tl Kräutersalz
400 ml Mineralwasser mit Kohlensäure
70 ml Olivenöl

Papierförmchen für das Blech

Zubereitungszeit: ca. 30 Minuten (plus Backzeit)
Pro Stück ca. 150 kcal/640 kJ
4 g E • 18 g KH • 7 g F

Den Backofen auf 180 °C vorheizen. Ein Muffinblech mit Papierförmchen auslegen. Die Pinienkerne in einer Pfanne ohne Fett goldbraun rösten, dann vom Herd nehmen und beiseitestellen.

Die Paprikaschoten halbieren, putzen, waschen, trocken tupfen und in kleine Würfel schneiden. Zwiebel und Knoblauch schälen und fein hacken. In einer Schüssel Maismehl, Buchweizenmehl, Linsenmehl, Backpulver, Kreuzkümmel, Pfeffer, Zucker und das Kräutersalz vermischen. Die Pinienkerne unterrühren.

Mineralwasser und Öl dazugießen und den Teig glatt verrühren. Auf die Förmchen verteilen und ca. 25 Minuten goldbraun backen. Nach einer Stäbchenprobe herausnehmen, vorsichtig aus den Mulden heben und auf einem Kuchengitter vollständig auskühlen lassen.

FÜR 12 STÜCK

1 Zwiebel
1 Knoblauchzehe
1 Bund Schnittlauch
200 g Mehl
50 g Speisestärke
2 Tl Backpulver
½ Tl Natron
½ Tl Salz
¼ Tl Pfeffer
2 Eier
¼ l Buttermilch
50 ml Olivenöl
100 g geriebener Parmesan
100 g geriebener Cheddar
1 El frisch gehackter Thymian
12 Wachteleier, hart gekocht

Papierförmchen für das Blech

Zubereitungszeit: ca. 20 Minuten (plus Backzeit)
Pro Stück ca. 210 kcal/890 kJ
10 g E • 17 g KH • 12 g F

Muffins Surprise
mit Wachteleiern

Den Backofen auf 180 °C vorheizen. Das Muffinblech mit Papierförmchen auslegen. Zwiebel und Knoblauch schälen und fein hacken. Den Schnittlauch waschen, trocken schütteln und in feine Röllchen schneiden.

Das Mehl mit der Speisestärke, Backpulver, Natron, Salz und Pfeffer in einer Schüssel vermischen. Die Eier in einer zweiten Schüssel schaumig schlagen. Buttermilch und Olivenöl dazugeben und gut verquirlen. Die Mehlmischung dazugeben und nur so lange verrühren, bis die trockenen Zutaten feucht sind. Zum Schluss Zwiebel, Knoblauch, Parmesan, Cheddar, Thymian und Schnittlauch zügig unterheben.

Die Hälfte des Teiges auf die Förmchen verteilen. Jeweils 1 Wachtelei hineinsetzen, mit dem restlichen Teig bedecken und ca. 25 Minuten goldbraun backen. Nach einer Stäbchenprobe herausnehmen, vorsichtig aus den Mulden heben und auf einem Kuchengitter vollständig auskühlen lassen.

Pikante Cupcakes

FÜR 12 STÜCK

1 Knoblauchzehe
6 Blatt TK-Blätterteig
12 mittelgroße Tomaten
2 Eier, 200 g Crème fraîche
100 g cremiger Schafskäse
2 El Mehl
1/2 Tl Salz, 1/4 Tl Pfeffer
50 g Emmentaler, 50 g Gouda
1 El gehackte Petersilie
1 El frische Thymianblättchen
2 El gehackte schwarze oder grüne Oliven

Für das Topping:

250 g Schafskäse
1–2 El Olivenöl
1 El frischer fein gehackter Thymian
1 El fein gehackte Petersilie
1 El fein gehackter Schnittlauch
12 entsteinte schwarze oder grüne Oliven

Papierförmchen für das Blech
Mehl für die Arbeitsfläche

Zubereitungszeit: ca. 20 Minuten (plus Backzeit und Zeit zum Auskühlen)
Pro Stück ca. 300 kcal/1250 kJ
11 g E • 13 g KH • 23 g F

Schafskäse-Cupcakes
aus Blätterteig

Den Backofen auf 200 °C vorheizen. Muffinblech mit Papierförmchen auslegen. Knoblauch schälen und fein hacken. Blätterteig antauen lassen, dann auf einer bemehlten Arbeitsplatte leicht ausrollen, in 12 Quadrate schneiden und in die Förmchen geben.

Tomaten waschen, putzen und die Früchte an der Stielseite aufschneiden. Die Kerne herauslöffeln und mit der Öffnung nach oben in die Förmchen setzen. Eier schaumig rühren und die Crème fraîche mit dem Schafskäse daruntermischen. Mehl, Salz und Pfeffer dazugeben und ebenfalls untermischen. Zum Schluss Emmentaler und Gouda reiben. Zusammen mit den Kräutern und den Oliven unterheben und die Masse in die Tomaten füllen. Ca. 25 Minuten goldgelb backen. Nach einer Stäbchenprobe herausnehmen, vorsichtig aus den Mulden heben und auf einem Kuchengitter vollständig auskühlen lassen.

Schafskäse mit dem Öl cremig rühren und die Kräuter untermischen. In einen Spritzbeutel mit Sterntülle füllen. Häubchen auf die Cupcakes spritzen und jeweils mit 1 Olive verzieren.

Camembert-Cupcakes
mit Preiselbeerquark

Backofen auf 180 °C vorheizen. Muffinblech mit Papierförmchen auslegen. Cranberrys in heißem Wasser ca. 15 Minuten einweichen und dann abtropfen lassen. Camembert in kleine Stücke schneiden. Beide Mehlsorten in einer Schüssel mit Backpulver, Natron, Salz und Pfeffer mischen. In einer zweiten Schüssel Eier schaumig schlagen, anschließend Joghurt und Öl unterrühren.

Die Mehlmischung zur Joghurtmischung geben. Nur so lange verrühren, bis die trockenen Zutaten feucht sind. Zum Schluss den Camembert und die Cranberrys unterheben. Ca. 25 Minuten goldbraun backen. Nach einer Stäbchenprobe herausnehmen, vorsichtig aus den Mulden heben und auf einem Kuchengitter vollständig auskühlen lassen.

Den Quark cremig rühren und 75 g Preiselbeeren unterheben. Mit einem Löffel Quark-Häubchen auf die Cupcakes setzen und jeweils eine kleine Kuhle in die Mitte drücken. Anschließend etwas Preiselbeermarmelade hineingeben.

Die Petersilienblättchen im heißen Öl knusprig braten. Auf Küchenkrepp abtropfen lassen und dann auf die Preiselbeercreme setzen.

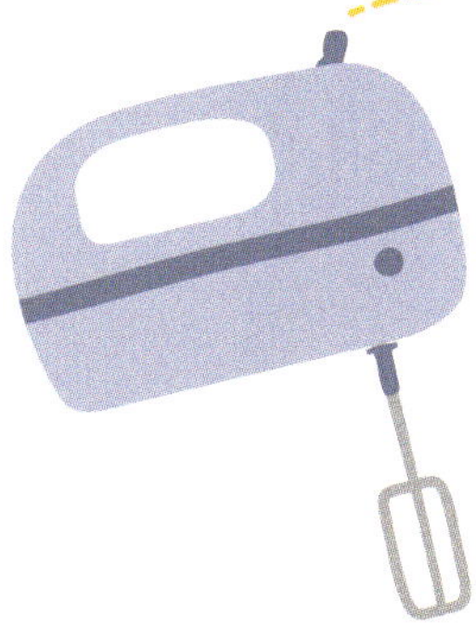

FÜR 12 STÜCK

2 Tl getr. Cranberrys
150 g Camembert
200 g Mehl
50 g Dinkelmehl
2 Tl Backpulver
1/4 Tl Natron
Tl Salz, 1 Msp. Pfeffer
2 Eier
200 ml Buttermilch
50 ml Sonnenblumenöl

Für das Topping:

300 g Quark
150 g Preiselbeermarmelade
4 El Petersilienblättchen
1 El Olivenöl

Papierförmchen für das Blech

Zubereitungszeit: 30 Minuten (plus Einweich- und Backzeit und Zeit zum Auskühlen)
Pro Stück ca. 230 kcal/980 kJ
10 g E • 25 g KH • 10 g F

Couscous-Cupcakes
mit Koriander-Topping

FÜR 12 STÜCK

100 g Couscous
1 Handvoll getrocknete Tomaten
200 g Mehl
50 g gehackte Mandeln
1 Tl Zucker
1 El Backpulver, 1 Tl Salz
1 Ei, 4 El Olivenöl
1/4 l Buttermilch
4 El frisch gehackter Koriander
abgeriebene Schale von
1 unbehandelten Zitrone
1 El Zitronensaft

Für das Topping:

12 Kirschtomaten
400 g Ziegenfrischkäse
1/4 Tl Salz
4 El frisch gehackter Koriander

Papierförmchen für das Blech

Zubereitungszeit: ca. 30 Minuten (plus Backzeit und Zeit zum Auskühlen)
Pro Stück ca. 220 kcal/900 kJ
8 g E • 21 g KH • 11 g F

Den Backofen auf 180 °C vorheizen. Muffinblech mit Papierförmchen auslegen. Couscous in eine Schüssel geben und mit heißem Wasser bedecken. Quellen lassen, bis das Wasser aufgesogen und das Couscous weich ist. Getrocknete Tomaten ebenfalls mit heißem Wasser übergießen und ca. 10 Minuten einweichen, anschließend trocken tupfen und in kleine Stücke schneiden.

Mehl, Mandeln, Zucker, Backpulver und Salz in einer Schüssel mischen. In einer zweiten Schüssel das Ei schaumig rühren. Öl und Buttermilch dazugeben und untermischen. Couscous, Koriander, Zitronenschale und -saft, Tomaten und die trockenen Zutaten dazugeben und zügig unterrühren.

Teig in die Muffinförmchen füllen und ca. 25 Minuten backen. Nach einer Stäbchenprobe herausnehmen, vorsichtig aus den Mulden heben und auf einem Kuchengitter vollständig auskühlen lassen.

Die Kirschtomaten waschen und abtrocknen. Den Ziegenfrischkäse cremig rühren, mit Salz und Koriander würzen. Mit einem Spritzbeutel mit Sterntülle auf die Cupcakes spritzen. Jeweils 1 Tomate in die Mitte setzen.

Kürbis-Cupcakes
mit Tapenade

Den Backofen auf 180 °C vorheizen. Muffinblech mit Papierförmchen auslegen. Das Kürbisfleisch in Würfel schneiden und ca. 20 Minuten in einer gefetteten Auflaufform vorgaren, bis der Kürbis weich ist. Anschließend pürieren.

Die Kürbiskerne in einer Pfanne ohne Öl anrösten und abkühlen lassen. Den Ingwer schälen und sehr fein reiben, Knoblauch schälen und fein hacken.

Mehl, Backpulver, Natron, Muskat, Pfeffer, Chili und Salz in einer Schüssel vermischen. In einer zweiten Schüssel die Eier schaumig rühren und mit dem Schmand verquirlen.

Kürbispüree, Ingwer, Knoblauch und Milch dazugeben und unterrühren. Die Mehlmischung dazugeben und nur so lange verrühren, bis die trockenen Zutaten feucht sind. Den Teig gleichmäßig auf die Muffinförmchen verteilen und ca. 30 Minuten goldgelb backen. Nach einer Stäbchenprobe herausnehmen, vorsichtig aus den Mulden heben und auf einem Kuchengitter vollständig auskühlen lassen.

Für die Tapenade den Knoblauch schälen. Kapern abtropfen lassen. Sardellenfilets abpülen und abtropfen lassen. Thymianblätter waschen und trocken tupfen. Zusammen mit allen Zutaten zu einer geschmeidigen Paste pürieren. Die Muffins jeweils mit 1 Tapenade-Tuff versehen, mit Kürbiskernen bestreuen und mit den Kumquat-Scheiben dekorieren.

FÜR 12 STÜCK

200 g Hokkaido-Fruchtfleisch
2 El Kürbiskerne
2 cm Ingwer
2 Knoblauchzehen
250 g Mehl
1 Tl Backpulver, 1/2 Tl Natron
je 1 Msp. gem. Muskat, Pfeffer und Chili
1 Tl Salz, 2 Eier
200 g Schmand
3 El Milch

Für die Tapenade:
1 kleine Knoblauchzehe
60 g Kapern, 4 Sardellenfilets
1 Tl frische Thymianblättchen
250 g schwarze Oliven, entsteint
5 El Olivenöl
1/2 Tl abgeriebene Schale von 1 unbehandelten Zitrone
1/2 Tl Salz, 1 Msp. Pfeffer
6–8 Kumquats in Scheiben zum Garnieren

Papierförmchen für das Blech

Zubereitungszeit: ca. 50 Minuten (plus Backzeit und Zeit zum Auskühlen)
Pro Stück ca. 190 kcal/810 kJ
5 g E · 18 g KH · 11 g F

Polenta-Cupcakes

mit Salbei und Paprika

FÜR 12 STÜCK

2 Schalotten
1 rote Paprika
4 El Olivenöl
1 El geh. frischer Salbei
4 Tl Gemüsebrühe
250 g Instant-Polenta
1 Ei
2 El Butter
150 g geraspelter Cheddar
1 El ger. Parmesan
1/4 Tl Salz
1/4 Tl Tabasco

Für das Topping:

12 kleine Salbeiblätter
1 El Butter
200 g scharfer Ayvar
200 g Feta
40 g gem. Mandeln
jeweils 12 Stücke gelbe und rote Paprika

Papierförmchen für das Blech

Zubereitungszeit: ca. 30 Minuten (plus Backzeit und Zeit zum Auskühlen)
Pro Stück ca. 270 kcal/1120 kJ
10 g E • 17 g KH • 18 g F

Backofen auf 180 °C vorheizen. Papierförmchen auf dem Muffinblech verteilen. Schalotten schälen und fein hacken. Die Paprika putzen, waschen und in kleine Würfel schneiden. 2 Esslöffel Olivenöl in einem Topf erhitzen. Schalotten, Paprika und den Salbei hineingeben und kurz andünsten. 1 Liter Wasser und die Brühe dazugeben und aufkochen. Polenta dazugeben und unter Rühren erneut aufkochen. 1 Minute köcheln, vom Herd nehmen und ca. 10 Minuten quellen und abkühlen lassen.

Das Ei, restliches Öl, Butter und beide Käsesorten unter die Polenta rühren. Mit Salz und Tabasco würzen. Auf die Förmchen verteilen und ca. 15 Minuten backen. Nach einer Stäbchenprobe herausnehmen, vorsichtig aus den Mulden heben und auf einem Kuchengitter vollständig auskühlen lassen.

Die Salbeiblätter in einer Pfanne in der Butter kurz anbraten, dann auf Küchenkrepp abtropfen lassen. Ayvar, Feta und Mandeln zu einer Paste vermischen und mit einem Löffel auf den Cupcakes zu einer flachen Haube verstreichen. Mit jeweils 1 Stück gelber und roter Paprika und 1 gerösteten Salbeiblatt verzieren.

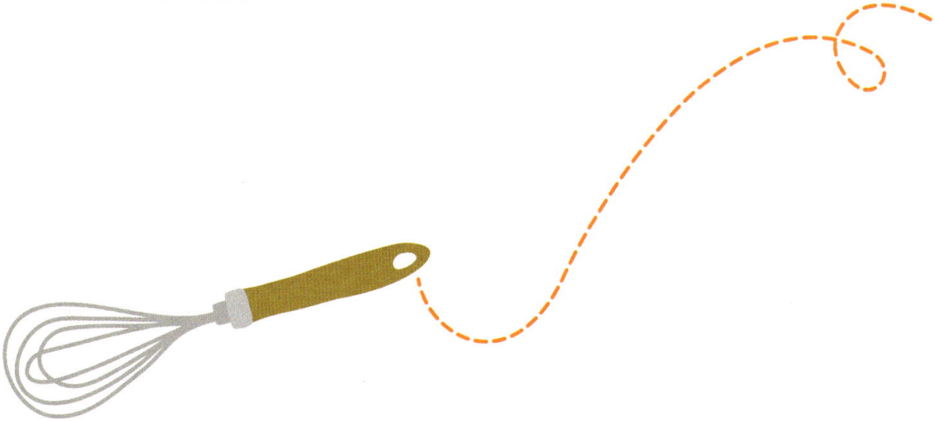

Gorgonzola-Cupcakes

mit Birne und Feigen

Backofen auf 180 °C vorheizen. Papierförmchen auf dem Muffinblech verteilen. Die Birne waschen, trocknen, vierteln und das Gehäuse entfernen. Das Fruchtfleisch in kleine Würfel schneiden und mit Zitronensaft beträufeln. Gorgonzola in 12 gleiche Stücke teilen. Rosmarin waschen, trocken schütteln und die Nadeln fein hacken. Mehl in einer Schüssel mit Natron, Backpulver, Rosmarin und ½ Teelöffel Salz vermischen.

Die Eier schaumig rühren. 100 g Butter und die saure Sahne unterrühren. Die Mehlmischung dazugeben und nur so lange verrühren, bis die trockenen Zutaten feucht sind.

Teig in die Formen füllen, je 1 Stück Gorgonzola und ein paar Birnenwürfel in die Mitte geben. Für die Walnusskruste Toastbrot und Walnüsse in einer Küchenmaschine zerkleinern, ½ Teelöffel Salz, Zucker und die restliche Butter unterrühren und die Masse gleichmäßig auf den Cupcakes verteilen.

Ca. 25 Minuten goldbraun backen. Nach einer Stäbchenprobe herausnehmen, vorsichtig aus den Mulden heben und auf einem Kuchengitter vollständig auskühlen lassen.

Feigen waschen, trocken tupfen und vierteln. Gorgonzola, Mascarpone bzw. Schmand mit 1 Esslöffel Birnensaft glatt rühren. In einen Spritzbeutel mit kleiner Sterntülle füllen. Flache Tuffs auf die Cupcakes spritzen und mit je ¼ Feige dekorieren.

FÜR 12 STÜCK

1 große Birne
2 Tl Zitronensaft
150 g Gorgonzola
1 Rosmarinzweig
200 g Mehl
1 Tl Natron
1 Tl Backpulver, 1 Tl Salz
2 Eier
200 g weiche Butter
200 g saure Sahne
4 Scheiben Toastbrot
300 g Walnüsse
1 Msp. Zucker

Für das Topping:

3 Feigen
150 g Gorgonzola
200 g Mascarpone oder Schmand
1 El Birnensaft

Papierförmchen für das Blech

Zubereitungszeit: ca. 25 Minuten (plus Backzeit und Zeit zum Auskühlen)
Pro Stück ca. 600 kcal/2470 kJ
13 g E • 22 g KH • 50 g F

FÜR 12 STÜCK

1 Zwiebel
250 g Mehl
2 Tl Backpulver, ½ Tl Natron
¼ Tl Salz, 1 Msp. Pfeffer
2 Eier
50 ml Sonnenblumenöl
¼ l Buttermilch
1 El gehackte Petersilie
50 g geriebener Bergkäse
150 g Schinkenwürfel

Für das Topping:

200 g Camembert
1 rote Zwiebel
200 g Doppelrahm-Frischkäse
2 El gehackte Petersilie
2 El edelsüßes Paprikapulver
1 Msp. Salz, 1 Msp. Pfeffer
6 Radieschen
2 El Schnittlauchröllchen
12 kleine Salz-Brezeln

Papierförmchen für das Blech

Zubereitungszeit: 30 Minuten (plus Backzeit und Zeit zum Auskühlen)
Pro Stück ca. 280 kcal/1180 kJ
13 g E • 19 g KH • 17 g F

Bayerische Cupcakes

mit Obatzda-Topping

Backofen auf 180 °C vorheizen. Muffinblech mit Papierförmchen belegen. Die Zwiebel schälen und fein hacken. Mehl, Backpulver, Natron, Salz und Pfeffer in eine Schüssel geben und vermischen. Eier in einer zweiten Schüssel schaumig rühren, Sonnenblumenöl und Buttermilch unterrühren. Die Mehlmischung dazugeben und nur so lange verrühren, bis die trockenen Zutaten feucht sind. Anschließend Zwiebel, Petersilie, Käse und Schinkenwürfel unterheben.

Den Teig auf die Förmchen verteilen und ca. 25 Minuten goldbraun backen. Nach einer Stäbchenprobe herausnehmen, vorsichtig aus den Mulden heben und auf einem Kuchengitter vollständig auskühlen lassen.

Den Camembert zerdrücken. Zwiebel schälen und fein hacken. Beides mit Frischkäse, Petersilie und Paprikapulver, Salz und Pfeffer zu einer Paste verrühren. Radieschen waschen, trocknen und halbieren. Die Käsemischung auf den Cupcakes verteilen und jeweils mit ½ Radieschen, Schnittlauchröllchen und 1 Brezel verzieren.

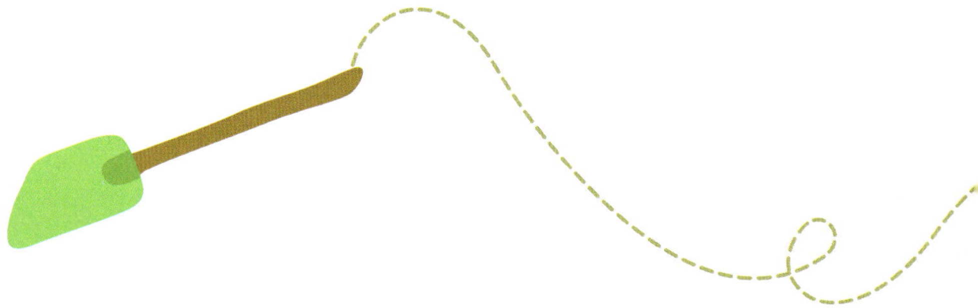

Ziegenkäse-Cupcakes

mit Honig

Backofen auf 180 °C vorheizen. Das Muffinblech mit Papierförmchen auslegen. Den Blätterteig auftauen lassen. Die Pinienkerne ohne Fett in einer Pfanne goldbraun rösten, beiseitestellen und abkühlen lassen. Blätterteig auf einer bemehlten Arbeitsplatte leicht ausrollen, in 12 Quadrate schneiden und in die Förmchen geben, dabei die überstehenden Ecken zur Seite biegen. Teigstücke mit der Butter bestreichen.

Die Eier schaumig rühren und anschließend Sahne und Milch unterrühren. Mehl, Salz, Pfeffer, Thymian, Frühlingszwiebel, Oliven und Pinienkerne unterheben.

Masse auf die Förmchen verteilen, Käsescheiben oben auflegen und jeweils mit etwas Honig beträufeln. Ca. 25 Minuten goldbraun backen. Nach einer Stäbchenprobe herausnehmen, vorsichtig aus den Mulden heben und auf einem Kuchengitter vollständig auskühlen lassen.

Die Tomatenscheiben auf die Cupcakes legen, den Ziegenkäse cremig rühren und in einen Spritzbeutel füllen. Kleine Tuffs in die Mitte der Tomatenscheiben spritzen und nach Belieben ein paar Tropfen Honig darüberträufeln. Mit jeweils 1 Olive und 1 Thymianzweig verzieren.

FÜR 12 STÜCK

6 Scheiben Blätterteig (TK)
2 El Pinienkerne
2 El zerlassene Butter
3 Eier
200 ml Sahne
$\frac{1}{8}$ l Milch
2 El Mehl
Tl Salz, 1 Msp. Pfeffer
2 El frische Thymianblättchen
1 geh. Frühlingszwiebel
2 El schwarze Oliven in Scheiben
12 ca. $1\frac{1}{2}$ cm dicke Scheiben Ziegenrolle
2 El Waldhonig

Für das Topping:

12 schmale Tomatenscheiben
200 g Ziegenfrischkäse
2 Tl Waldhonig
12 kleine Thymianzweige
12 Oliven

Papierförmchen für das Blech
Mehl für die Arbeitsfläche

Zubereitungszeit: ca. 35 Minuten (plus Backzeit und Zeit zum Auskühlen)
Pro Stück ca. 370 kcal/1540 kJ
15 g E • 15 g KH • 28 g F

FÜR 12 STÜCK

4 Frühlingszwiebeln
150 g Nordseekrabben
210 g Mehl
50 g Speisestärke
2 Tl Backpulver, 1 Tl Natron
1 Tl Salz, 1 Msp. Pfeffer
2 Eier
300 ml Buttermilch
40 ml Sonnenblumenöl
25 g ger. Emmentaler
2 El geh. frischer Dill

Für das Topping:

70 g geräucherter Lachs
2 El Zitronensaft
200 g Frischkäse
2 El gehackter Dill
110 g Quark
40 g Sauerrahm
1 Tl Salz, 1/2 Tl Pfeffer
12 kleine Dillzweige
2 El Forellenkaviar

Papierförmchen für das Blech

Zubereitungszeit: 35 Minuten (plus Backzeit und Zeit zum Auskühlen)
Pro Stück ca. 240 kcal/990 kJ
11 g E • 19 g KH • 13 g F

Krabben-Cupcakes

mit Lachsfrosting

Den Backofen auf 180 °C vorheizen. Das Muffinblech mit Papierförmchen auslegen. Frühlingszwiebeln waschen, putzen und fein hacken. Die Krabben abspülen und trocken tupfen. Mehl, Stärke, Backpulver, Natron, Salz und Pfeffer in einer Schüssel mischen. In einer zweiten Schüssel Eier schaumig schlagen, Buttermilch und das Öl dazugeben und verquirlen. Die Mehlmischung dazugeben und nur so lange verrühren, bis die trockenen Zutaten feucht sind. Zum Schluss Emmentaler, Frühlingszwiebeln, Krabben und den Dill unterheben.

Den Teig auf die Förmchen verteilen und ca. 30 Minuten goldbraun backen. Nach einer Stäbchenprobe herausnehmen, vorsichtig aus den Mulden heben und auf einem Kuchengitter vollständig auskühlen lassen.

Lachs mit Zitronensaft im Mixer pürieren. Mit den anderen Zutaten in eine Schüssel geben und zu einer Creme verrühren.

In einen Spritzbeutel mit Sterntülle füllen und auf die vollständig abgekühlten Cupcakes spritzen. Mit dem Forellenkaviar und Dillzweigen dekorieren.

Dinkel-Cupcakes
mit Avocadocreme

Den Backofen auf 180 °C vorheizen. Das Muffinblech mit Muffinförmchen belegen. Getrocknete Tomaten in einer Schüssel mit lauwarmem Wasser 5-10 Minuten einweichen und anschließend abtropfen lassen. Kirschtomaten waschen, putzen und vierteln. Knoblauch und Schalotten schälen und fein hacken. Den Ziegengouda in kleine Würfel schneiden.

Mehl in einer Schüssel mit Backpulver, Natron, Salz, Pfeffer und den Kräutern der Provence vermischen. In einer zweiten Schüssel die Eier schaumig rühren und mit Buttermilch und dem Öl vermischen. Die Kleie dazugeben und ca. 5 Minuten quellen lassen. Anschließend die Mehlmischung zügig unterrühren, und die getrockneten Tomaten, Knoblauch, Schalotten und den Käse unterheben.

Teig in die Muffinförmchen füllen und ca. 25 Minuten goldbraun backen. Nach einer Stäbchenprobe herausnehmen, vorsichtig aus den Mulden heben und auf einem Kuchengitter vollständig auskühlen lassen.

Avocados halbieren, Kerne entfernen, das Fruchtfleisch mit einem Löffel vorsichtig aus der Schale schaben und in einen Mixer geben. Zitrone, Salz, Pfeffer, Tabasco und Frischkäse dazugeben und verrühren. Die so entstandene Creme in einen Spritzbeutel mit runder Tülle füllen und die Cupcakes damit verzieren. Jeweils mit 1 Tomate verzieren.

FÜR 12 STÜCK

30 g getrocknete Tomaten
100 g Kirschtomaten
1 Knoblauchzehe
3 Schalotten
100 g Ziegengouda
200 g Dinkelmehl
2 Tl Backpulver, 1/2 Tl Natron
1 Tl Salz, 1 Msp. Pfeffer
2 Tl Kräuter der Provence
2 Eier
200 ml Buttermilch
50 ml Sonnenblumenöl
50 g Dinkelkleie

Für das Topping:

3 reife Avocados
3 El Zitronensaft
1 Tl Salz, 1 Tl Pfeffer
1 Spritzer Tabasco
150 g Frischkäse
12 Kirschtomaten

Papierförmchen für das Blech

Zubereitungszeit: ca. 30 Minuten (plus Backzeit und Zeit zum Auskühlen)
Pro Stück ca. 250 kcal/1060 kJ
8 g E · 16 g KH · 18 g F

Süßkartoffel-Cupcakes

mit Kapern und Sardellen

FÜR 12 STÜCK

200 g Süßkartoffeln
250 g Mehl
1/2 P. Backpulver
1 Msp. Chili
1 Tl gem. Kardamom
1 Tl Salz, 1 Msp. Pfeffer
100 g Butter
1 Ei
200 ml Buttermilch
3 El kross gebratene Speckwürfel
125 g Emmentaler

Für das Mayonnaise-Topping:

2 zimmerwarme Eigelb
1 Tl Zitronensaft
1 Tl Senf
1 Msp. Salz
250 ml Sonnenblumenöl
3 El Kapern
3 Sardellenfilets
12 Kresseblüten

Papierförmchen für das Blech

Zubereitungszeit: ca. 25 Minuten (plus Backzeit und Zeit zum Auskühlen)
Pro Stück ca. 380 kcal/1590 kJ
8 g E • 20 g KH • 30 g F

Backofen auf 180 °C vorheizen. Das Muffinblech mit Papierförmchen auslegen. Die Süßkartoffeln schälen und klein würfeln.

Mehl, Backpulver, Chili, Kardamom, Salz und Pfeffer in einer Schüssel mischen. In einer zweiten Schüssel die Butter schaumig schlagen. Ei und Buttermilch untermischen. Die Mehlmischung, Speckwürfel, Emmentaler und die Süßkartoffeln unter die Eiermasse mischen. Ca. 25 Minuten goldgelb backen. Nach einer Stäbchenprobe herausnehmen, vorsichtig aus den Mulden heben und auf einem Kuchengitter vollständig auskühlen lassen.

Die Eigelbe mit Zitronensaft, Senf und Salz mit dem Schneebesen kräftig verrühren. Tröpfchenweise das Öl dazugeben und jeweils unterrühren. Öl zunächst sehr langsam zulaufen lassen, da die Mayonnaise ansonsten gerinnt. Nach und nach das gesamte Öl einarbeiten, dabei die Zulaufgeschwindigkeit langsam erhöhen. Sardellenfilets und 2 Esslöffel Kapern abtropfen lassen. Beides fein hacken und unter die Mayonnaise rühren. Mit einem Löffel auf die Cupcakes geben und mit den restlichen Kapern und 1 Kresseblüte garnieren.

Forellen-Cupcakes

mit Wasabi-Tuff

Backofen auf 180 °C vorheizen. Muffinblech mit Papierförmchen auslegen. Forellenfilets häuten und in ca. 1 cm große Stücke schneiden. Paprika waschen und putzen, Zwiebel schälen und beides in kleine Würfel schneiden. Schnittlauch waschen, trocken schütteln und in feine Röllchen schneiden. Alles in einer Schüssel mit Reis, Mozzarella, Joghurt, Zitronensaft, Schnittlauch und Pfeffer mischen.

Die Eiweiße mit dem Salz in einer zweiten Schüssel steif schlagen. Eischnee unter die Reismasse heben. In die Papierförmchen füllen und ca. 25 Minuten backen. Nach einer Stäbchenprobe herausnehmen, vorsichtig aus den Mulden heben und auf einem Kuchengitter vollständig auskühlen lassen.

Frischkäse mit der Wasabipaste cremig rühren und in einen Spritzbeutel mit Sterntülle füllen. Die Cupcakes damit verzieren, jeweils mit etwas Kaviar bestreuen.

FÜR 12 STÜCK

200 g geräucherte Forellenfilets
1 Zwiebel
1 rote Paprika
1 Bund Schnittlauch
300 g gekochter Reis
3 El gehackter Mozzarella
250 g Joghurt
1 El Zitronensaft
1 Tl Pfeffer
3 Eiweiß
1 Tl Salz

Für den Wasabi-Tuff:

250 g Frischkäse
4 Tl Wasabipaste
2 El Kaviar

Papierförmchen für das Blech

Zubereitungszeit: ca. 20 Minuten (plus Backzeit und Zeit zum Auskühlen)
Pro Stück ca. 170 kcal/720 kJ
9 g E • 10 g KH • 11 g F

Rheinische Cupcakes

à la Himmel un Äd

FÜR 12 STÜCK

500 g mehligkochende Kartoffeln
Salz
2 El Butter
200 ml heiße Milch
1/4 Tl Muskat
1 Msp. Pfeffer
2 El geriebener Parmesan
3 Eier
2 El Sahne
1 großer Apfel (Boskoop)
300 g Blutwurst

Für die Senfcreme:

3 Zwiebeln
1 geschälten Apfel (Boskop)
1/2 El Zitronensaft
1 El Butter
1 Prise Zucker
1 El körniger Senf
3 El Mayonnaise

Papierförmchen für das Blech

Zubereitungszeit: ca. 30 Minuten (plus Kochzeit, Backzeit und Zeit zum Auskühlen)
Pro Stück ca. 200 kcal/830 kJ
9 g E • 12 g KH • 13 g F

Backofen auf 200 °C vorheizen. Muffinblech mit Förmchen auslegen. Kartoffeln schälen, waschen, vierteln und in kochendem Salzwasser ca. 20 Minuten garen. Dann abgießen, abtropfen lassen und mit Butter, Milch, Muskat, Pfeffer und dem Parmesan zu Püree verarbeiten. Mit Salz abschmecken.

Eier schaumig schlagen und mit der Sahne unter das Püree rühren. Apfel schälen, das Gehäuse entfernen und anschließend grob raspeln. Ebenfalls unter das Püree mischen. Blutwurst aus der Pelle nehmen, in ½-1 cm dicke Scheiben schneiden und anschließend nochmals halbieren.

Das Püree in die Förmchen füllen. Je 2–3 Blutwurststücke leicht in das Püree hineindrücken. Ca. 25 Minuten backen. Nach einer Stäbchenprobe herausnehmen, vorsichtig aus den Mulden heben und auf einem Kuchengitter vollständig auskühlen lassen.

Zwiebeln schälen und in feine Ringe schneiden. Apfel in sehr schmale Spalten schneiden. In Zitronensaft wenden. Mit Butter und Zucker kurz dünsten. Äpfel aus der Pfanne nehmen und die Zwiebelringe in derselben Pfanne braten bis sie leicht gebräunt sind. Senf mit der Mayonnaise cremig rühren. Jeweils 1 Klecks auf die Cupcakes geben und mit Apfelspalten und Zwiebelringen dekorieren.

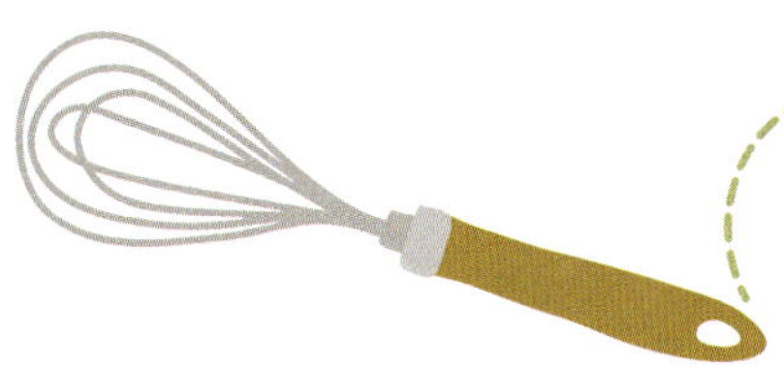

3-Käse-Cupcakes

mit Früchten

125 g Mehl in eine Schüssel geben und eine Mulde in die Mitte drücken. Milch lauwarm erwärmen. 5 Esslöffel Milch in eine kleine Schüssel geben, die Hefe hineinbröckeln und darin auflösen. Hefemilch in die Mulde schütten, mit ein wenig Mehl von Rand vermischen und den Vorteig ca. 5 Minuten an einem warmen Ort ruhen lassen.

Salz und Butter in kleinen Stücken und die restliche Milch dazugeben und alles zu einem glatten Teig kneten. Nochmals ca. 25 Minuten an einem warmen Ort ruhen lassen.

Backofen auf 200 °C vorheizen. Alle Käesorten reiben. Das Ei schaumig rühren, mit der sauren Sahne, dem Mehl und den Gewürzen vermischen. Teig ausrollen, in 12 x 15 cm große Quadrate schneiden und die Förmchen damit auslegen. Die Käsemischung hineinfüllen, die Spitzen nach außen drücken und ca. 25 Minuten backen. Nach einer Stäbchenprobe herausnehmen. Vorsichtig aus den Mulden heben und auf einem Kuchengitter vollständig auskühlen lassen.

Physalis aufspießen. Kiwischeiben auf die Cupcakes legen. Melonenfruchtfleisch in ca. 1 cm dicke Scheiben schneiden. Mit einem Herzausstecher ausstechen und auf die Kiwis legen (das Herz sollte kleiner sein als die Kiwischeibe), mit den Physalisspießen feststecken.

FÜR 12 STÜCK

250 g + 1 El Mehl
120 ml Milch
½ Würfel frische Hefe
½ Tl + 1 Msp. Salz
40 g Butter
120 g Gruyère oder Appenzeller
120 Raclettekäse
80 g Emmentaler
1 zimmerwarmes Ei
200 g zimmerwarme saure Sahne
1 Msp. Pfeffer
1 Msp. Muskatnuss
½ Tl Rosenpaprika
1 El frisch gehackter Salbei

Für das Topping:
12 Physalis
12 Zahnstocher
12 Kiwischeiben
½ Honigmelone

Papierförmchen für das Blech

Zubereitungszeit: ca. 50 Minuten (plus Backzeit, Zeit zum Gehen und zum Auskühlen)
Pro Stück ca. 270 kcal/1130 kJ
11 g E • 24 g KH • 14 g F

Zucchini-Cupcakes mit Spinat-Topping

FÜR 12 STÜCK

300 g Zucchini
1/2 Bund Petersilie
1 Bund Schnittlauch
1 Zwiebel
200 g Mehl
50 g feine Haferflocken
2 Tl Backpulver, 1/2 Tl Natron
1/2 Tl Salz, 1 Msp. Pfeffer
1 Ei, 50 ml Sonnenblumenöl
1/4 l Buttermilch
1 El Thymian
100 g geriebener Emmentaler
1 El Parmesan

Für das Topping:

2 El Pinienkerne
1 große Knoblauchzehe
200 g TK-Blattspinat
1 El Olivenöl
100 g Mascarpone, 1/2 Tl Salz
1 kleine Möhre, 1 Tl Zitronensaft

Papierförmchen für das Blech

Zubereitungszeit: ca. 30 Minuten (plus Backzeit und Zeit zum Auskühlen)
Pro Stück ca. 230 kcal/960 kJ
9 g E • 18 g KH • 13 g F

Backofen auf 180 °C vorheizen. Zucchini waschen, putzen und fein raspeln. Petersilie und Schnittlauch waschen, trocken schütteln und fein hacken. Zwiebel schälen und ebenfalls fein hacken.

Mehl, Haferflocken, Backpulver, Natron, Salz und Pfeffer in einer Schüssel vermischen. Das Ei in einer zweiten Schüssel schaumig schlagen, Öl und Buttermilch unterrühren. Die Mehlmischung dazugeben und nur so lange verrühren, bis die trockenen Zutaten feucht sind. Anschließend Zwiebel, Zucchini, Kräuter und Käse unterheben.

Teig in die Förmchen füllen und ca. 25 Minuten backen. Nach einer Stäbchenprobe herausnehmen, vorsichtig aus den Mulden heben und auf einem Kuchengitter vollständig auskühlen lassen.

Pinienkerne in einer Pfanne ohne Fett goldbraun rösten. Knoblauchzehe schälen und grob in Stücke schneiden. Den aufgetauten Blattspinat stark ausdrücken. Anschließend mit Öl, Mascarpone, Knoblauch und Salz in einem Mixer pürieren. In einen Spritzbeutel füllen und Tuffs auf die Cupcakes spritzen, mit Pinienkernen dekorieren.

Möhre waschen, putzen und mit einem Zestenreißer reichlich feine Zesten abhobeln. Mit dem Zitronensaft mischen und zusammen mit den Pinienkernen auf die Cupcakes verteilen.

Thunfisch-Cupcakes

mit Vitello-Tonnato-Topping

Backofen auf 180 °C vorheizen. Muffinblech mit Papierförmchen belegen. Frühlingszwiebeln waschen, putzen und in feine Ringe schneiden. Kapern abtropfen lassen und fein hacken. Thunfisch abtropfen lassen und in kleine Stücke zerteilen.

Mehl in einer Schüssel mit dem Backpulver, Natron, Salz und Pfeffer vermischen. Eier in einer zweiten Schüssel schaumig rühren. Mit Öl, Quark und Crème fraîche verrühren. Die Mehlmischung dazugeben und nur so lange verrühren, bis die trockenen Zutaten feucht sind. Anschließend die restlichen Zutaten zügig unterheben.

Cupcakes ca. 25 Minuten goldbraun backen. Nach einer Stäbchenprobe herausnehmen, vorsichtig aus den Mulden heben und auf einem Kuchengitter vollständig auskühlen lassen.

Thunfisch abtropfen lassen und anschließend mit den restlichen Zutaten in einem Mixer pürieren. Eine flache Haube auf die abgekühlten Cupcakes streichen und mit Kapernäpfeln und Fischcrackern verzieren.

FÜR 12 STÜCK

4 Frühlingszwiebeln
50 g Kapern
1 Dose Thunfisch (im eigenen Saft)
250 g Mehl
2 Tl Backpulver, ½ Tl Natron
Tl Salz, 1 Msp. Pfeffer
2 Eier
50 ml Sonnenblumenöl
100 g Magerquark
200 g Crème fraîche

Für das Topping:

1 Dose Thunfisch (im eigenen Saft)
200 g Mayonnaise
3 El Kapern
4 Sardellenfilets
1 El Zitronensaft
1 El Olivenöl
1 Msp. Cayennepfeffer
Kapernäpfel und fischförmige Cracker zum Garnieren

Papierförmchen für das Blech

Zubereitungszeit: ca. 20 Minuten (plus Backzeit und Zeit zum Auskühlen)
Pro Stück ca. 390 kcal/1630 kJ
12 g E • 17 g KH • 31 g F

Pink-Lady-Cupcakes
mit Frischkäse-Tuff

FÜR 12 STÜCK

200 g Möhren
2 El Zitronensaft
100 g Rote Beete
1 Zwiebel
3 Zweige Petersilie
150 g Maismehl
150 g zarte Haferflocken
2 TL Backpulver, ½ Tl Natron
½ Tl Salz, ½ Tl Pfeffer
2 Eier
¼ l Buttermilch
2 El Sonnenblumenöl
100 g geriebener Emmentaler

Für das Topping:

300 g Frischkäse
½ Tl Salz
½–1 El frischer Rote-Beete-Saft oder pürierte Rote Beete
12 Walnusshälften
Zesten von 1 unbehandelten Orange
2 El Kresse

Papierförmchen für das Blech

Zubereitungszeit: ca. 30 Minuten (plus Backzeit und Zeit zum Auskühlen)
Pro Stück ca. 320 kcal/1330 kJ
13 g E • 18 g KH • 22 g F

Backofen auf 180 °C vorheizen. Möhren waschen, putzen und reiben. Mit dem Zitronensaft vermischen. Rote Beete schälen und ebenfalls fein reiben. Unter die Möhren mischen. Zwiebel schälen und fein hacken. Petersilie waschen, trocken schütteln und ebenfalls fein hacken.

Mehl in einer Schüssel mit den Haferflocken, Backpulver, Natron, Salz und Pfeffer mischen. Eier in einer zweiten Schüssel schaumig rühren, Buttermilch und Öl unterrühren. Rote-Beete-Mischung abtropfen lassen, dabei den Saft auffangen. Die Mischung unter die Eiermischung rühren. Je nach gewünschtem Farbton noch etwas Saft dazugeben. Die Mehlmischung dazugeben und nur so lange verrühren, bis die trockenen Zutaten feucht sind. Zwiebel, Petersilie und Emmentaler unterheben.

Teig in die Förmchen füllen und ca. 35 Minuten backen. Nach einer Stäbchenprobe herausnehmen, vorsichtig aus den Mulden heben und auf einem Kuchengitter vollständig auskühlen lassen.

Frischkäse mit Salz und dem Rote-Beete-Saft cremig rühren. Anschließend in einen Spritzbeutel mit Sterntülle füllen und pinkfarbene Häubchen auf die Cupcakes spritzen. Jeweils mit ½ Walnuss, Orangenzesten und Kresse garnieren.

Waldpilz-Cupcakes
mit Petersilienfrosting

Backofen auf 180 °C vorheizen. Muffinblech mit Papierförmchen belegen. Steinpilze putzen, feucht abreiben und in kleine Würfel schneiden. Schalotten schälen und fein hacken.

Butter in einer Pfanne erhitzen, Steinpilze darin 3–4 Minuten andünsten, Schalotten ca. 1 Minute dazugeben, durchrühren, pfeffern und abkühlen lassen.

Mehl in einer Schüssel mit Backpulver, Natron, Salz, Walnüssen und Parmesan mischen. Eier in einer zweiten Schüssel schaumig schlagen, Buttermilch und Öl dazugeben und verrühren. Die Mehlmischung dazugeben und nur so lange verrühren, bis die trockenen Zutaten feucht sind. Anschließend die Pilzmischung unterheben.

Teig in die Förmchen füllen und ca. 35 Minuten backen. Nach einer Stäbchenprobe herausnehmen, vorsichtig aus den Mulden heben und auf einem Kuchengitter vollständig auskühlen lassen.

Die getrockneten Steinpilze ca. 10 Minuten einweichen, abtropfen lassen, anschließend pürieren. Alle anderen Zutaten in eine Schüssel geben und mit dem Mixer pürieren.

In einen Spritzbeutel mit Sterntülle füllen und Tuffs auf die Cupcakes spritzen, mit jeweils 1 Pfifferling (oder ½ Champignon) und 1 Petersilienblatt dekorieren.

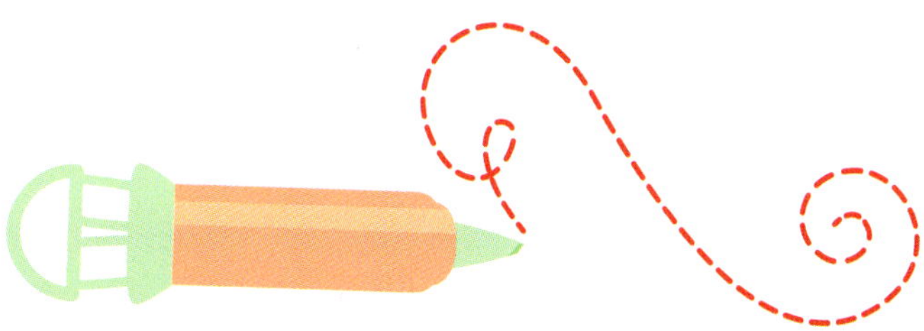

FÜR 12 STÜCK

140 g frische Steinpilze
2 Schalotten
2 El Butter
Pfeffer
250 g Mehl
2 Tl Backpulver, 1/2 Tl Natron
1 Tl Salz
50 g gehackte Walnüsse
125 g geriebener Parmesan
2 Eier
1/4 l Buttermilch
4 El Sonnenblumenöl

Für das Frosting:
30 g getrocknete Steinpilze
300 g Frischkäse
4 El gehackte Petersilie
150 g Quark
1 Tl Salz, 1/2 Tl Pfeffer
12 vorgegarte Pfifferlinge
12 Petersilienblättchen

Papierförmchen für das Blech

Zubereitungszeit: ca. 35 Minuten (plus Backzeit und Zeit zum Auskühlen)
Pro Stück ca. 309 kcal/1297 kJ
12 g E • 17 g KH • 22 g F

FÜR 12 STÜCK

400 g Schweinefilet
2 El Bratöl
3 Eier
140 g Quark
2 El Milch, 1 Tl Salz
2 El Sonnenblumenöl
300 g Mehl
2 Tl Backpulver
1 Zwiebel
1/2 Bd. Petersilie
150 g saure Sahne
1 Msp. Pfeffer
1 Tl frische Thymianblättchen
150 g geriebener Gouda

Für die Süßkartoffelhaube:

400 g Süßkartoffeln
2 Eier, 1 El Butter
1 Prise Ingwer
1 Tl Salz, ½ Tl Pfeffer

Papierförmchen für das Blech
Mehl für die Arbeitsfläche

Zubereitungszeit: ca. 50 Minuten (plus Backzeit und Zeit zum Auskühlen)
Pro Stück ca. 310 kcal/1290 kJ
18 g E • 28 g KH • 14 g F

Filet-Cupcakes

mit Süßkartoffelhaube

Backofen auf 180 °C vorheizen. Muffinblech mit Papierförmchen belegen. Das Filet waschen, trocken tupfen und in 12 ca. ½ cm dicke Würfel schneiden.

Öl in einer Pfanne erhitzen, die Filetstücke darin kurz rundum anbraten und anschließend abkühlen lassen.

2 Eier in einer Schüssel schaumig schlagen, Quark, Milch, ½ Teelöffel Salz und Öl dazugeben und verrühren. Mehl und Backpulver in einer zweiten Schüssel mischen und unter die Quarkmischung rühren. Arbeitsfläche mit Mehl bestäuben, den Teig ausrollen und in 12 gleich große Quadrate schneiden.

Zwiebel schälen und fein hacken, Petersilie waschen, trocken schütteln und die Blättchen ebenfalls fein hacken. 1 Ei schaumig schlagen, saure Sahne unterrühren. Anschließend Zwiebel, Petersilie, Pfeffer, Thymian und Gouda untermischen. Teigstücke in die Förmchen geben, die Creme gleichmäßig verteilen, darauf das Filet geben und leicht andrücken.

Süßkartoffeln schälen und reiben. Süßkartoffelmasse in einer Schüssel mit Eiern, Butter, Ingwer, Salz und Pfeffer vermischen. Jeweils 1 Häubchen auf die Filetstücke setzen. Die Cupcakes ca. 30 Minuten goldgelb backen. Nach einer Stäbchenprobe herausnehmen, vorsichtig aus den Mulden heben und auf einem Kuchengitter vollständig auskühlen lassen.

Garnelen-Cupcakes

mit Aioli

Backofen auf 180 °C vorheizen. Muffinblech mit Papierförmchen auslegen. Garnelen gründlich abspülen und in kochendem Wasser ca. 3 Minuten kochen. Abgießen und abkühlen lassen. Aus der Schale lösen, Kopf und Schwänze entfernen. 12 Garnelen für die Dekoration beiseitelegen. Zwiebel schälen und fein hacken. Dill waschen, trocken schütteln und ebenfalls fein hacken.

Mehl in eine Schüssel sieben, mit Backpulver, Natron, Salz und Pfeffer vermischen. Die Eier in einer zweiten Schüssel schaumig rühren, Öl und Crème fraîche unterrühren. Die Mehlmischung dazugeben und nur so lange verrühren, bis die trockenen Zutaten feucht sind. Garnelen, Käse, Dill und die Zwiebelwürfel dazugeben und zügig unterheben.

Teig in die Förmchen füllen und ca. 25 Minuten goldbraun backen. Nach einer Stäbchenprobe herausnehmen, vorsichtig aus den Mulden heben und auf einem Kuchengitter vollständig auskühlen lassen.

Knoblauch schälen und durch eine Knoblauchpresse drücken. In einer Schüssel mit der Crème fraîche vermischen. Mayonnaise, Salz, Pfeffer und Zucker darunterrühren, anschließend ca. 10 Minuten ziehen lassen. Nochmals durchrühren und mit einem Löffel breite, flache Aioli-Tupfer auf die Cupcakes geben. Mit jeweils 1 Garnele belegen und mit 1 Dillzweig verzieren.

FÜR 12 STÜCK

200 g Garnelen
1 kleine Zwiebel
1/2 Bund Dill
250 g Mehl
2 Tl Backpulver
1/2 Tl Natron
1/2 Tl Salz,
1 Msp. Pfeffer
2 Eier
50 ml Sonnenblumenöl
200 g Crème fraîche
20 g geriebener Emmentaler

Für das Frosting:

2 Knoblauchzehen
3 El Crème fraîche
300 g Mayonnaise
1 Msp. Salz
1 Msp. Pfeffer
1 Prise Zucker
12 kleine Dillzweige

Papierförmchen für das Blech

Zubereitungszeit: ca. 35 Minuten (plus Backzeit und Zeit zum Auskühlen)
Pro Stück ca. 420 kcal/1770 kJ
8 g E • 17 g KH • 37 g F

Hähnchen-Cupcakes

mit Kapernsahne

FÜR 12 STÜCK

6 Blatt TK-Blätterteig
60 g Champignons
2 Schalotten
1 Bd. Schnittlauch
300 g Hühnerbrustfilets
1 Tl Salz, 1 Msp. Pfeffer
2 El Bratöl
2 El trockener Weißwein
2 Eier, 140 g saure Sahne
160 g Ricotta, 1 El Parmesan
1 Msp. Senf
1 Msp. Rosenpaprika

Für das Topping:

2 El Kapern
60 g saure Sahne
1/4 Tl Salz
1 Tl Ketchup
140 ml Sahne
2 El frisch gehackter Schnittlauch
12 (rohe) Champignonscheiben

Papierförmchen für das Blech
Mehl für die Arbeitsfläche

Zubereitungszeit: ca. 50 Minuten (plus Backzeit und Zeit zum Auskühlen)
Pro Stück ca. 260 kcal/1070 kJ
11 g E • 9 g KH • 20 g F

Blätterteig ca. 30 Minuten auftauen lassen. Backofen auf 180 °C vorheizen. Muffinblech mit Papierförmchen auslegen. Champignons putzen und in kleine Stücke schneiden. Schalotten schälen und fein hacken. Schnittlauch waschen, trocken schütteln und in feine Röllchen schneiden. Hühnerbrustfilets waschen, trocken tupfen, in Stücke schneiden, salzen und pfeffern.

Das Öl in einer Pfanne erhitzen. Hähnchenfleisch von allen Seiten kurz anbraten. Dann die Champignons und die Schalotten dazugeben, noch 3–4 Minuten mitbraten. Mit dem Wein ablöschen. Nach 1–2 Minuten vom Herd nehmen und abkühlen lassen.

Eier in einer Schüssel schaumig rühren, saure Sahne und Ricotta, restliches Salz, Parmesan, Senf und Paprika unterrühren. Zum Schluss die abgekühlte Hähnchenmischung und den Schnittlauch dazugeben und unterheben.

Blätterteigplatten auf einer bemehlten Arbeitsfläche leicht ausrollen und in 12 Quadrate schneiden. Die Förmchen damit auslegen, die Enden nach außen biegen und die Creme einfüllen. Ca. 30 Minuten goldbraun backen. Nach einer Stäbchenprobe herausnehmen, vorsichtig aus den Mulden heben und auf einem Kuchengitter vollständig auskühlen lassen.

Kapern abtropfen lassen und sehr fein hacken. In einer Schüssel saure Sahne, Kapern, Salz und Ketchup vermischen. Sahne steif schlagen und unter die Creme heben. Mit einem Löffel kleine Häubchen auf die ausgekühlten Cupcakes geben, Schnittlauchröllchen darüberstreuen und jeweils mit 1 Champignonscheibe verzieren.

Brioche-Cupcakes
mit Speck

FÜR 12 STÜCK
300 g Mehl
21 g frische Hefe
50 ml warme Milch
1 Zwiebel
150 g Speck
2 Eier
1/2 Tl Salz
1 gestr. El Zucker
100 g Butter

Für das Tomaten-Frosting und die Pops:
30 g getrocknete Tomaten
1 El Olivenöl
200 g Frischkäse
2 El schwarze Olivenringe
36 sehr kleine Kirschtomaten

Papierförmchen für das Blech
36 Zahnstocher

Zubereitungszeit: ca. 30 Minuten (plus Zeit zum Gehen, Backzeit und Zeit zum Auskühlen)
Pro Stück ca. 330 kcal/1380 kJ
8 g E • 22 g KH • 24 g F

Mehl in eine Schüssel füllen und in die Mitte eine Mulde hineindrücken. Hefe in die warme Milch bröckeln und darin auflösen. In die Mulde gießen, etwas Mehl vom Rand mit der Hefemilch verrühren und abgedeckt ca. 15 Minuten ruhen lassen.

Zwiebel schälen und hacken. Den Speck klein würfeln. Beides mit Eiern, Salz, Zucker und der Butter in kleinen Stücken dazugeben. Zu einem glatten Teig verarbeiten und anschließend schlagen, bis er Blasen wirft.

Den Teig in 12 Stücke teilen und zu Kugeln formen. Noch einmal abdecken und ca. 30 Minuten ruhen lassen.

Backofen auf 180 °C vorheizen. Muffinblech mit Papierförmchen füllen. Die Teigkugeln hineinsetzen und ca. 25 Minuten goldbraun backen. Nach einer Stäbchenprobe herausnehmen, vorsichtig aus den Mulden heben und auf einem Kuchengitter vollständig auskühlen lassen.

Getrocknete Tomaten in warmem Wasser ca. 10 Minuten einweichen, anschließend abtropfen lassen und in Stücke schneiden. Mit dem Olivenöl und dem Frischkäse zu einer Creme mixen und auf die Cupcakes streichen. Mit Olivenringen verzieren. Die Tomaten waschen, abtrocknen und auf die Zahnstocher spießen, je 3 Tomaten-Pops auf 1 Cupcake stecken.

Lachs-Cupcakes mit Meerrettichcreme

FÜR 12 STÜCK

1 Zwiebel
1 Knoblauchzehe
100 g Zucchini
50 g Möhren
50 g Brokkoli
2 El gehackter Dill
150 g geräucherter Lachs
250 g Mehl
2 Tl Backpulver
1/2 Tl Natron
1/4 Tl Salz, 1 Msp. Pfeffer
2 Eier
200 g Crème fraîche
50 ml Sonnenblumenöl
2 El TK-Erbsen
50 g geriebener Emmentaler

Für das Topping:

125 g Sahnemeerrettich
100 g Crème fraîche
je 1 El schwarzer und roter Kaviar

Papierförmchen für das Blech

Zubereitungszeit: ca. 30 Minuten (plus Backzeit und Zeit zum Auskühlen)
Pro Stück ca. 280 kcal/1180 kJ
8 g E • 18 g KH • 10 g F

Backofen auf 180 °C vorheizen. Muffinblech mit Papierförmchen auslegen. Zwiebel und Knoblauch schälen und fein hacken. Zucchini und Möhren waschen, putzen und fein raspeln. Brokkoli waschen, putzen, in sehr kleine Röschen teilen und in kochendem Wasser ca. 5 Minuten blanchieren, dann abschrecken. Dill waschen, trocken schütteln und fein hacken. Lachs in kleine Stücke schneiden.

Mehl in einer Schüssel mit Backpulver, Natron, Salz und Pfeffer mischen. Die Eier in einer zweiten Schüssel schaumig rühren und mit Crème fraîche und Öl verrühren. Die Mehlmischung dazugeben und nur so lange verrühren, bis die trockenen Zutaten feucht sind.

Möhren, Zucchini und 50 g Brokkoli, Erbsen, Lachs und Emmentaler zügig unterheben. Den Teig in die Förmchen füllen und ca. 25 Minuten goldbraun backen. Nach einer Stäbchenprobe herausnehmen, vorsichtig aus den Mulden heben und auf einem Kuchengitter vollständig auskühlen lassen.

Meerrettich und Crème fraîche verrühren, mit Salz abschmecken und mit dem Löffel kleine Tuffs auf die Cupcakes setzen. Die restlichen Brokkoliröschen gegebenenfalls trocknen und zerteilen. Auf die Cremetuffs setzen. Zum Schluss mit dem Kaviar dekorieren.

Lagen-Cupcakes
„Prinzessin auf der Erbse“

Backofen auf 180 °C vorheizen. Muffinblech mit Papierförmchen auslegen. Zucchini waschen, putzen und in sehr dünne Scheiben schneiden. Zwiebel schälen und fein hacken. Mozzarella abtropfen lassen und in 12 dicke Scheiben schneiden. Die Schinkenscheiben vierteln.

Mehl in einer Schüssel mit Backpulver, Natron, Salz und Pfeffer mischen. Eier in einer zweiten Schüssel schaumig schlagen, Buttermilch und Öl unterrühren. Die Mehlmischung dazugeben und nur so lange verrühren, bis die trockenen Zutaten feucht sind, anschließend Zwiebeln, Thymian und Erbsen zügig unterheben.

Teig in die Förmchen füllen und oben die „Matratzen“ stapeln: Zuerst 1 Lage Zucchini in den Teig hineindrücken, dann 1 Lage Schinken und obendrauf jeweils 1 Mozzarellascheibe legen. Ca. 25 Minuten backen. Nach einer Stäbchenprobe herausnehmen, vorsichtig aus den Mulden heben und auf einem Kuchengitter vollständig auskühlen lassen.

Erbsen mit Salz und Pfeffer pürieren und den Frischkäse untermischen. In einen Spritzbeutel mit Sterntülle füllen und einen Tuff auf die Cupcakes spritzen. Nach Belieben mit Gänseblümchenblüten oder Kapuzinerkresseblüten verzieren.

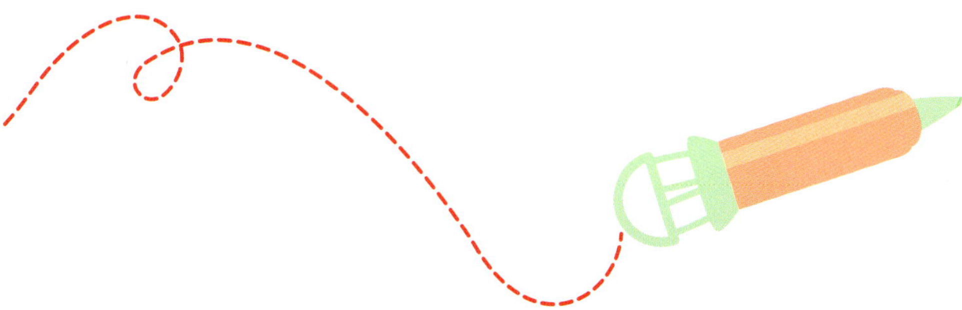

FÜR 12 STÜCK

1 Zucchini
1 Zwiebel
3 Kugeln Mozzarella
6 Scheiben Kochschinken
250 g Mehl
2 Tl Backpulver
$^{1}/_{2}$ Tl Natron
$^{1}/_{2}$ Tl Salz
1 Msp. Pfeffer
2 Eier
200 ml Buttermilch
70 ml Sonnenblumenöl
1 El frischer Thymian
5 El TK-Erbsen

Für das Topping:
200 g TK-Erbsen
$^{1}/_{2}$ Tl Salz
1 Msp Pfeffer
100 g Frischkäse
essbare Blüten nach Belieben

Papierförmchen für das Blech

Zubereitungszeit: ca. 30 Minuten (plus Backzeit und Zeit zum Auskühlen)
Pro Stück ca. 310 kcal/1310 kJ
16 g E · 20 g KH · 19 g F

FÜR 12 STÜCK

1 1/2 kg Blattspinat
1 rote Paprika
6 Eier
150 g Ricotta
1/2 Tl Salz
1 Msp. Pfeffer
150 g Mehl
4 Tl Backpulver

Für das Topping:

1 Knoblauchzehe
6 El gehackte Petersilie
300 g Frischkäse
100 g Quark
50 g saure Sahne
1/2 Tl Salz
1 Msp. Pfeffer
Basilikum und gewürfelte Paprika zum Verzieren

Papierförmchen für das Blech

Zubereitungszeit: ca. 40 Minuten (plus Backzeit und Zeit zum Auskühlen)
Pro Stück ca. 240 kcal/980 kJ
13 g E • 13 g KH • 15 g F

Grüne Cupcakes

mit Knoblauchcreme

Backofen auf 100 °C vorheizen, ein Backblech mit Backpapier belegen. Spinat putzen, waschen und in kochendem Salzwasser 1–2 Minuten blanchieren. Abgießen und abschrecken. Anschließend ausdrücken, sehr fein hacken und auf dem Backblech verteilen. Im heißen Ofen unter gelegentlichem Wenden 15–20 Minuten trocknen.

Den Spinat abkühlen lassen. Paprika putzen, waschen und in sehr feine Würfel schneiden. 1 Esslöffel für die Deko beiseitelegen.

Nun den Backofen auf 200 °C schalten und ein Muffinblech mit Papierförmchen auslegen. Die Eier trennen. Eigelbe in einer Schüssel schaumig schlagen und mit Ricotta, Salz und Pfeffer verrühren. Spinat dazugeben und unterrühren.

Mehl in einer Schüssel mit dem Backpulver mischen. Die Eiweiße steif schlagen. Erst die Mehlmischung zügig unterrühren und dann den Einschnee zusammen mit den Paprikawürfeln vorsichtig unter die Masse heben. In die Förmchen füllen und 10–15 Minuten backen. Nach einer Stäbchenprobe herausnehmen, vorsichtig aus den Mulden heben und auf einem Kuchengitter vollständig auskühlen lassen.

Den Knoblauch schälen und durch eine Knoblauchpresse drücken. Mit den restlichen Zutaten für die Creme pürieren. In einen Spritzbeutel mit Sterntülle füllen und Tuffs auf die Cupcakes spritzen. Mit jeweils 2 Basilikumblättern und einigen Paprikawürfeln verzieren.

Rezeptverzeichnis